Barbara Frischmuth
Die Schönheit der Tag- und Nachtfalter

BARBARA FRISCHMUTH, geboren 1941 in Altaussee, studierte Türkisch, Ungarisch und Orientalistik und ist seitdem freie Schriftstellerin. Die mehrfach ausgezeichnete Autorin lebt seit 1999 wieder in Altaussee. Zu ihren größten Erfolgen zählen die Romane »Die Klosterschule« (1968), »Die Mystifikationen der Sophie Silber« (1976) oder »Kai und die Liebe zu den Modellen« (1979), aber auch ihre zahlreichen Gartenbücher. Zuletzt im Residenz Verlag erschienen: »Natur und die Versuche, ihr mit Sprache beizukommen« (2021) und »Schaufel, Rechen, Gartenschere« in der Reihe »Dinge des Lebens« (2023).

Barbara Frischmuth

Die Schönheit der Tag- und Nachtfalter

Erzählungen

Residenz Verlag

© 2025 Residenz Verlag GmbH
Mühlstraße 7, A-5023 Salzburg
info@residenzverlag.at

Die Deutsche Nationalbibliothek verzeichnet diese Publikation in der
Deutschen Nationalbibliografie; detaillierte bibliografische Daten sind
im Internet über http://dnb.dnb.de abrufbar.

www.residenzverlag.com

Umschlaggestaltung: Hanna Zeckau
Typografische Gestaltung, Satz: typic, Ekke Wolf
Grafiken: © busenda (S. 5); © RP Pro (S. 23, 73); © SpicyTruffel (S. 103)
Lektorat: Jessica Beer
Gesamtherstellung: Graspo CZ, a.s.
ISBN 978 3 7017 1804 7

Die Techniken der Libellen

Es ist ein sonniger Tag, an dem die Zwillinge nach dem Frühstück zum Wald aufbrechen, durch Haselnusssträucher, Kiefern, Buchen, Weiden, Eichen, Pappeln, Laub- und Nadelbäume, und dort in einen springenden Bach gehen wollen. Sie greifen und hanteln sich durch, als gäbe es keine Wege, nur Richtungen mit Erwartungen. Schon hören sie das Wasser an die Steine klatschen und sehen, wie sich das Grün zum erhöhten Blau öffnet. Rundum gibt es ein wenig Wiese und stumpfes Holz, das von gefällten Bäumen zurückgeblieben ist.

Der große Tom sieht als erster die Blauflügel-Prachtlibellen, während der kleinere Tim ein Mädchen mit grünem Hut und gelber Jacke auf einem dicken Erlenast bemerkt, den die Holzfäller vergessen haben.

Bist du…, fragt Tim, aber das Mädchen kommt ihm zuvor: Ja, ich bin Cecilia und ihr seid die Zwillinge, stimmt's?

Tom dreht sich um: Olala, die Jungfer vom Fluss.

Du bist Tom, oder? Der große Tom, der die Bäche und Flüsse kontrolliert, Temperaturen misst und nach Schleichschwänzen sucht.

Tom nickt, gleichzeitig wiegt er den Kopf.

Und du, sie schaut auf Tim: Wer bist du?

Ich bin der Rest. Ich kontrolliere, ob Toms Kontrollen auch richtig verbucht wurden. Und du, wer bist du denn außer Cecilia?

Sie wartet ein wenig, neigt den Kopf nach vorn und öffnet den Mund: Ich gehöre zu einer anderen Art, das heißt, ich bin anders schön. Gleiche Gattung, doch andere Art, dafür sind wir ja bekannt.

Tom und Tim nicken: Das wissen wir.

Aber es reicht nicht. Wir sind die drei, die beides sein könnten, wenn wir uns besser verständigen, mit uns selbst und mit den anderen. Schönheit kann ja auch eine Hilfe sein, zumindest für die Menschen, und unser allerschnellstes Fliegen mit eigenem Strom ebenso.

Warum? Weil wir so viele Jahre hindurch nur gejagt, gefressen und gelernt haben. Das hat unser Denken samt allen unseren Einfällen gestärkt. Wir sind ein immer wieder zusammenwachsender Körper, der lebt, vergeht und sich dabei erneuert. Die Zellen begeben sich auf neue Wege, um herauszufinden, ob es brauchbare Verbesserungen gibt, nicht bloß Technisches aus Bequemlichkeit. Wir waren schon da, als die Saurier kamen, waren klug und wurden kleiner. Deshalb leben wir, trotz aller Unerträglichkeit, noch immer in dieser Welt. Jetzt wird es heiß, nach den Eiszeiten kommen die Dürren. Das haben wir schon öfter erlebt. Einige der Unsrigen sind bereits in den Norden gezogen, doch der Norden ist zu klein für uns alle, seit die Menschen zu viele geworden sind. Kontrolle hat nur Sinn, wenn das zu Kontrollierende danach entsprechend verändert wird.

Beim Frühstück sagte Tom, er habe einen merkwürdigen Traum gehabt, der ihm beinahe den Atem genommen habe.

Genau wie ich, meinte Tim. Dieses Mädchen mit dem grünen Hut, das ununterbrochen schnatterte …

Die Mutter fand es merkwürdig, dass Zwillinge dasselbe träumen konnten, sagte aber nichts dazu. Der Vater der beiden war, als sie noch nicht einmal richtig sprechen konnten, von einem der Himalaya-Gipfel gestürzt, weil er wissen wollte, wie hoch Libellen fliegen, wenn die Sonne schien. Seine Frau hatte darauf bestanden, dass das, was von ihrem Mann übriggeblieben war, zu ihr gebracht würde, damit es ein Grab gab, an das sie mit den Kindern die ausgefallensten Blumen bringen könnte, so dass sie alle immer wieder gerne an sein Grab kämen.

Habt ihr etwas für den Nachmittag vor?, fragte die Mutter.

Wir wollen schauen, ob die Blauflügler bereits in Rudeln kommen und die Frösche nach ihnen schnappen, meistens sind ja die Libellen schneller.

Tim hoffte, dass auch die gelbgefleckten Flussjungfern samt den Großen Quelljungfern schon da wären, die angeblich nur noch hier existierten.

Ich nehme an, ihr werdet auch schwimmen und die Badehosen …

Haben wir schon angezogen, man sieht es nur nicht.

Wollt ihr eine Jause mitnehmen?

Schon in der Tasche!

Kommt nicht zu spät zum Abendessen, es gibt Lachs mit Röstkartoffeln, die Lieblingsspeise eures Vaters. Es ging ihr noch immer darum, dass die Kleinen, die inzwischen größer waren als sie, nicht vergaßen, dass sie auch einen Vater gehabt hatten, sogar einen, der mit Tieren und Pflanzen umgehen konnte.

Nach dem Frühstück liefen sie zum Wald und dann zum Bach. Diesmal nicht im Traum. Sie kannten den Weg und wussten, wo die Libellen wie Wolken schnell durch die Luft sausten, bis zu 50 km/h, mit den Muskeln direkt an den Flügeln.

Das soll ihnen mal einer nachmachen, rief Tom. Die können ihre Flügelpaare unabhängig voneinander bewegen, und dadurch abrupt die Richtung wechseln, in der Luft stehenbleiben oder sogar rückwärts fliegen!

Als sie ankamen, wurden sie geradezu geblendet von den Lichtspielen der Libellenflügel und deren pfeilschneller Jagd nach anderen Insekten. Hin und wieder schnellte ein Frosch in die Höhe, um nach einer dieser Schönen zu schnappen, aber das gelang nur sehr selten. Das Sirren der Flügel hörte sich an wie ein Kichern, als wollten sie sagen: Ihr kriegt mich nicht! Auch wenn ihr mit euren Schnellfüßen meterhoch springt! Je höher, desto mehr Geplätscher! Die Ringelnattern, die größeren Fische, die Vögel … Man sollte immer wachsam sein, wenn es einem an den Kragen geht. Und darauf achten, dass man, wenn man sich im Flug von unten nach oben oder von links nach rechts die Mahlzeiten holt, nicht das Pech hat, selbst gemahlzeitet zu werden.

Es war Tim, der immer wusste, was kommt. In seinem Kopf bündelten sich die Nachrichten, die er zu sortieren hatte. Ob Schein, ob Wahrheit, ob Gewalt oder Zuspruch, er durfte nichts übersehen. Das Gewesene lässt sich nicht wiederholen, das Zukünftige nicht vorhersehen. In der Gegenwart liegt die Chance, aber auch das Versagen.

Bei so vielen verschiedenen Lebewesen muss alles alert sein, wenn es am Leben bleiben will.

Im Krieg oder in der Waffenruhe – die einen machen es mit den Zähnen, die anderen mit Gewehren – beides ist tödlich.

Dazwischen Liebe, Schönheit, Lachen, Freundlichkeit, Genuss und Dankbarkeit. Das ist die Welt, dazu gehören auch Hilfsbereitschaft und Zufriedenheit.

Tim hatte das alles im Kopf. Er ist in der Leitung, empfängt und antwortet, ohne Laute, ohne Sprache, ohne jeden Befehl, er fühlt, spürt und begreift. Seine Stimme ist hell, sein Körper schmal, seine Kraft ist die Aufmerksamkeit.

Die beiden zogen sich aus bis zur Badehose, wühlten mit den Füßen im Sand. Die Libellen schossen an ihnen vorüber, blieben plötzlich stehen in der Luft, sahen sie an mit ihren vielen Augen, surrten davon, kamen wieder und glitzerten in blauen, grünen und roten Farben.

Kühl, meinte Tom, tauchte bis zum Bachboden, wo die weißen Steine und die grünen Pflanzen lagen. Die einen zeigten, dass das Wasser klar war, die anderen, dass es darin auch Nahrung gab.

Tom schwamm ein wenig unter Wasser, sah Beine, zarte Beine, die sich selbst weiterstießen, und einen Mädchenbauch samt Hals und Brüsten.

Auftauchen! Er sah ein Gesicht, ähnlich wie das im Traum und doch anders, mit grünen Augen, schwarzem Haar und weißer Haut.

Hallo! Der große Tom stand da, der Bach war nicht tief, gerade so, dass man darin schwimmen konnte.

Der Zusammenstoß blieb mild, so wie das Hallo!

Von ihr her kam kein Laut.

Ich bin Tom! Er blieb stehen, für sie war es nicht so einfach. Ihre Beine waren zu kurz, um den Boden zu erreichen. Trotz aller Bemühungen landete sie in Toms Armen.

Lula, sagte sie und schluckte ein wenig Bachwasser, da sie den Mund zu lange offen gelassen hatte.

Willst du raus? Tom deutete auf ein Stück Sandstrand, Lula nickte. Die Sonne schien durchs Gebüsch und schickte Strahlen, die Muster aus Schatten malten.

Tom half ihr über die letzten spitzen Steine unter Wasser bis zum Sand.

Gleich danach kam Tim, auch er kletterte zum Sand hin.

Hallo Lula, warst du schon länger im Wasser?, fragte er.

Tom und Lula setzten sich gerade. Woher Tim ihren Namen kannte, wusste nur er. Lula saß zwischen den beiden. Immer wieder blieben die Mosaikjungfern vor ihnen stehen und glotzten sie neugierig an. Das sind die neugierigsten in der Libellenwelt. Kaum bewegte sich Tom, zogen sie nach oben, flogen mehrmals im Kreis, dann kamen sie von der anderen Seite wieder.

Wie hübsch sie sind, diese Blauflügler, samt den Gebänderten, die ihnen ähneln. Wie auch die Königslibellen, die Flussjungfern und sogar die Plattbäuche, und alle sind sie Kannibalen, die fressen, was in ihre Fangkörbe kommt. Aber wir brauchen sie. Sie fressen viele, die für uns schädlich sind, damit wir nicht krank werden.

Aber auf die Dauer wird es für uns alle nicht gehen, wenn Käfer, Schrecken, Schmetterlinge, Bienen und alle anderen Insekten dieser Welt aus dem Gleichgewicht fallen.

Vergesst die Techniker nicht!

Tom warf Kiesel um Kiesel ins Bachwasser. Das meiste haben wir nachgemacht. Die Frage ist nur, wie die Natur sich rächen wird.

Sie kommt schon des Weges, Tom, man riecht sie, meinte Tim. Noch sind wir diejenigen, die die Richtung zeigen, zumindest sieht es so aus. Aber was soll's, ich bin hungrig nach dem Schwimmen. Wenn ihr wollt, schwimme ich rüber und bringe den Beutel mit der Jause.

Tim stand auf, und da niemand etwas sagte, lief er ins Wasser und begann zu schwimmen, schneller, als man schauen konnte.

Was sagst du dazu? Lula legte ihre Arme um die Knie.

Tom zuckte mit den Schultern: Manchmal glaube ich alles, was Tim sagt, dann aber wieder nicht. Dass sich vieles ändert, habe auch ich wahrgenommen, aber was sollen wir tun? Wir sind so wenige gegen so viele. Wenn wir alles, was sich geändert hat, tatsächlich wieder ändern wollen, brauchen wir mehr als nur Menschen. Wir sie und sie uns. Noch zweifle ich, dass wir das schaffen. Tim ist schon weiter im Denken, aber wie viele Tims gibt es?

Vielleicht mehr als du glaubst, antwortete sie. Gleich darauf surrte Lula wie eine Libelle, spreizte die Flügel, schrumpfte, so dass Tom sie gerade noch sehen konnte, und sauste hoch in die Luft. Sie glich einer Flussjungfer, die blitzschnell die Gebänderten Prachtlibellen querte, die als Gruppe nach Fressen Ausschau hielten. Lula war zu schnell, als dass eine sie hätte erwischen können. Gleich darauf saß sie wieder als Mädchen bei Tom, schob noch rasch ihren linken Träger auf die Schulter und lächelte, während der Junge nur den Kopf schüttelte. Habe ich geträumt oder tatsächlich alles gesehen?

Wie du glaubst, es liegt an dir.

Tom nahm ihren Arm, küsste ihn von der Schulter bis zum Handgelenk und zurück. Ich glaube, was ich spüre, ob du davongeflogen bist oder nicht. Ich kann es nicht sagen, aber wenn ich meine Lippen an deinem Arm habe, weiß ich, dass ich dich geküsst habe.

Lula kicherte in ihren anderen Arm, drehte sich dabei um und wieder zurück. Wir sehen so viel, wie wir sehen wollen, und so wenig von dem, was geschieht. Oder umgekehrt. Es gibt so vieles, was geschieht, doch die Menschen haben zu wenig Augen. Zwei sind bei weitem nicht genug, selbst wenn du direkt davor sitzt.

Tom glaubte zu hören, wie Tim aus dem Wasser stieg. Er ist geflogen, sagte Lula. Du hast es nicht gesehen, nur gehört, dass er wieder gelandet ist.

Tim sprach von einem Korb, schüttelte ihn, wie um zu sagen, dass er alles mitgebracht habe.

Lula legte ein riesiges Blatt auf den Sand und holte die Jause aus dem Korb. Schon wurde Tom ein wenig kleiner Das passierte nicht zum ersten Mal, aber es war das erste Mal, dass nicht nur Tim ihn dazu gebracht hatte, sogar Lula deutete hinunter auf ihn.

Mahlzeit, auch das Jausenbrot mit den gekochten Eiern hatte sich angepasst.

Energie sparen, zwitscherte Tim.

Ohne mich zu fragen, seufzte Tom. Bei so viel Sonne ist es ja in Ordnung. Aber als Zwilling muss ich mir zu helfen wissen.

Sie aßen und es schmeckte ihnen, ob Brot oder Fisch.

Noch sind wir im Paradies und wissen, was Glück bedeutet. Die Zellen der Lebewesen sind noch intakt, sie existieren im Rhythmus von leben, sterben, sich erneut zusammensetzen und nach mehreren Häutungen wieder zum Leben zurückkehren.

Je kleiner, desto leichter fällt es uns. Wenn wir groß bleiben, wird die Erde zu klein und es braucht Kriege, um wieder Platz zu schaffen, genug Platz. Gewalt ermüdet unsere Zellen und tötet sie zu oft. Bald gibt es kein Paradies mehr, in dem wir Kleinen leben und zeigen können, was den Großen fehlt. Der Welt wird der Bauch platzen und die Zellen zerstören, die wir zum Leben brauchen. Die Erde hat Zeit, sich wieder zu erfinden, wir nicht. Wir haben geglaubt, uns die Erde nach unseren Wünschen einrichten zu können, aber Überheblichkeit hat sich noch nie gelohnt.

Der Sommer war vorbei, der Herbst viel zu warm, das Paradies beinah ausgetrocknet.

Sie waren bereits länger in der Stadt, vor allem Tom, wegen der Universität. Lula zeichnete und malte in Farben, die Menschen gut sehen können. Tim aber fuhr nach Norden, um herauszufinden, wie viele bereits angekommen waren. Er brauchte weder Bleistift noch Laptop, sondern speicherte alles in seinem Kopf. Viele waren schon in die Kälte emigriert. Es kam immer öfter zum Streit, denn die Habitate waren bereits voll. Niemand wollte die Geflohenen.

Nicht allen war es dort zu warm, wo sie wohnten. Es gab auch andere, die die Wärme liebten, bald nahmen sie die Plätze der Geflüchteten ein. Auch da gab es Streit und Kampf um die verlassenen Habitate. Viele aus dem Süden wollten mehr, als die Geflohenen gebraucht hatten. Ihre Eier wuchsen ins Unsägliche, die Larven fraßen die Teiche auf, während im Norden die Gletscher schmolzen und das Wasser stieg.

Lula zeichnete Tims hübsches Gesicht, bevor er sich einen Bart wachsen ließ. Tom liebte Lula und leckte ihre Brüste, wenn er Liebe mit ihr machte. Tim liebte Lula ebenso, wenn auch auf andere Weise. Er war ständig unterwegs, und wenn er dann zurückkam, musste er alles, was er in seinem Kopf gespeichert hatte, in ein Buch schreiben, damit auch die Wissenschaftler etwas davon haben würden.

Verschiedene Libellen-Arten waren bereits ausgestorben, man fragte sich, warum. Am schlimmsten waren die vielen Pestizide, von denen es hieß, dass sie nur für bestimmte Wesen tödlich wären. Eine Lüge. Und Tim versuchte, diese Lüge als Lüge zu entlarven, was schwierig war, aber er fand Interessierte und organisierte Zusammenkünfte.

Tom, der studiert hatte, fertigte die Unterlagen an, mit denen Tim bei seinen Zusammenkünften gelegentlich auch Erfolg hatte, da sie mehr nach Universität als nach Politik klangen, oder auch nach Phantasien für jene, die mit Wissenschaft nicht viel anfangen konnten.

An den Wochenenden fuhren Tom und Lula mit dem Fahrrad zu den Teichen, in denen nicht geschwommen wurde, da sie mittlerweile zu seicht waren und Wasserpflanzen enthielten, vor allem Schilf.

Das Paradies war es nicht, aber es gab eine Reihe von Keilfleck-Mosaikjungfern, Moosjungfern und Smaragdlibellen, je nachdem, wie die Teiche, die Moore, das Altwasser und verschiedene Pflanzen die Libellen lockten. Noch glaubte Tom, neue Arten entdecken zu können, die er als Thema für seine Doktorarbeit verwenden konnte.

Meist nahmen sie das Zelt mit, eingeklemmt auf Toms Gepäckträger, und schliefen unter den Weiden in der Nähe der Teiche, aßen in kleinen Wirtshäusern, in denen man sie bereits kannte, und hofften, dass es an den Wochenenden gutes Wetter geben würde.

Die schönsten Libellen kamen auch immer näher an sie heran, um ihre Neugierde zu befriedigen, sie schienen zu wissen, dass sie ohnehin die schnellsten waren. Manchmal setzte sich eine auf Toms Schulter, und Lula hielt sie rasch in ihrem Malbuch mit einem Stift, der mehrere Farben hatte, fest.

Wenn es regnete, gingen sie in den Wald, suchten Pilze und besondere Moose. Tom wünschte sich, endlich einmal einem Wolf zu begegnen. Man höre so oft etwas über Wölfe und fotografierte die Lämmer, die sie gerissen hatten. Warum hatten die Bauern und die Hirten keine Hunde mehr, die stark genug wären, den Wölfen das Reißen abzugewöhnen? Es seien die Wälder, die die Wölfe nicht mehr duldeten, nur die Menschen dürften noch Lämmer fressen, wie auch Wild, Fische aus kleinen Bächen und so weiter. Scheinbar gehört alles uns.

Und was sagten die Wälder dazu?

Die werden von Käfern gefressen, weil sie zu schwache Wurzeln haben und zu oft neu gepflanzt wurden, so dass die Käfer sich sündhaft vermehren konnten.

Aber noch immer bedeutet der Wald das Schöne und die Sehnsucht nach der Stille, nicht so sehr die Tiere sind es, die still sind, als die Menschen, die eine andere Sprache sprechen als der Wald, ihn aber in der seiner Stille hören möchten.

Wann immer Tom und Lula zu den Teichen blickten, um die schönsten Libellen zu betrachten, erzählten sie einander ihre Zukunft, an die sie noch immer glaubten. Wissenschaft und Kunst, Tom und Lula, sie schienen zu wissen, was sie wollten. Dranbleiben, sagte Tom, und Lula meinte: Aus Farben Märchen machen und mindestens vier Flügel haben, um in dieser Welt zu existieren. Dazu braucht man keine Ohren.

Wie Tom an seiner Universität erfuhr, hätten die Tiere erst im mittleren Ediacarium vor etwa 600 Millionen Jahren damit begonnen, einander zu fressen. Umso mehr mussten sie auch achtgeben, um nicht selbst gefressen zu werden. Eine Lebensweise, die besonders den Libellen geblieben ist. Wahrscheinlich waren auch sie es, die tatsächlich mit diesen Techniken begonnen hatten. Wer weiß? Was man weiß, war immerhin, dass Menschen davon profitierten. Anderswo wurde schon länger gesuppt, gekocht und geröstet. Wohl nicht gerade Libellen, aber ansonsten gnadenlos.

Lula war überzeugt, dass gefressen zu werden, nicht schmerzt. Sie hatte schon öfter gesehen, wie Libellen Fliegen fraßen.

Es war Juni und Tom wurde von seiner Universität beauftragt, mit zwei anderen Studenten herauszufinden, ob auch die Alpen-Smaragdlibellen bereits nach Norden geflogen waren. Tim und Lula fuhren stattdessen gemeinsam zum Paradies.

Tims Mutter war, wie immer um diese Zeit, zusammen mit den anderen Witwen für ein paar Wochen ans Meer gefahren. Und Tim brauchte ein paar Tage, um sich zu erholen, er war zu oft und zu lange auf Reisen gewesen.

Lula kochte, ging schwimmen, fuhr mit dem Rad einkaufen und malte, sobald sie etwas sah, das der Mühe wert war, gemalt zu werden.

Tim war mit Lula noch nie alleine in diesem Haus gewesen. Als sich Tim erholt hatte und mit Lula schwimmen gehen wollte, fing es zu schütten an, zwischendurch hagelte es sogar. Sie blieben einfach im Haus, Lula kochte Besonderes und kühlte Wein.

Tim merkte wieder, wie sehr er damals im Paradies in Lula verliebt gewesen war, auch noch in der Stadt, in die er aber nur selten gekommen war.

Und Lula? Lula begann ihn zu füttern, setzte sich auf seine Knie, leckte ihm weg, was an seinen Mundrändern hängen geblieben war. Aber in dem Augenblick, in dem er selbst sich ihren Lippen näherte, boxte sie ihn und holte die Weingläser, füllte sie, prostete ihm zu, trank, holte Süßes aus der Küche, dann tranken sie wieder.

Lula zog ihre Bluse aus, tanzte vor ihm, bis er sie an sich zog, doch sie entschlüpfte ihm. Er lief ihr nach, bis sie stolperte, auf den Teppich fiel, und er auf sie drauf. Es kam, wie es kommen sollte, aber nur andeutungsweise. Als sie wieder saßen, lehnten sie sich aneinander.

Also doch, sagte Lula.

Ich habe es schon längst gewusst. Tim nahm ihre Hand und legte sie an seine Wange. Wir gehören beide zu den Botschaftern. Aber es war sehr selten, dass zwei von ihnen tatsächlich zueinander fanden. Er versuchte zu lächeln, es wurde ein trockenes Lachen. Eine Zeitlang dachte ich, Tom und ich wären gleich, weil wir Zwillinge sind, aber wir sind nicht gleich, ganz und gar nicht.

Und ich, flüsterte sie, gehöre wohl auch dazu. Ich war mir lange nicht sicher, aber jetzt weiß ich es. Wir können keine Nachkommen haben, heißt es in meinem Kopf. Und können einander nur mögen. Meine Liebe ist Kunst. Zu zeigen, wie zum Beispiel die Libellen sich so entwickeln konnten, wie sie jetzt sind, welche Formen sie zuwege gebracht haben und mit welchen Einfällen sie sich weiterhin selbst erschaffen werden. Was sie dazu brauchen, ist Zeit, Millionen Jahre Zeit, während Botschafter wie wir nur in der Menschenzeit bleiben können. Dann läuft sie uns schon wieder davon, auf den Straßen der Menschen, die aus Tagen Sekunden machen.

Insekten, sagte Tim, haben eine andere Auffassung von Schnelligkeit, bei manchen dient sie einem noch schnelleren Sehen, bei anderen einem noch schnelleren Töten. Es sind die Menschen, die aus Nervosität in kürzester Zeit Veränderung um Veränderung schaffen. Sie sind nie mit sich zufrieden und wollen die ganze Welt. Und dazu brauchen sie Krieg, aber Krieg ist das teuerste. Sie wollen Väter aller Dinge sein. Wir sind die Botschafter und kämpfen für das Gleichgewicht dieser Welt. Alle sind von allem abhängig, mehr als wir glauben. Aber alleine schafft man es auch als Botschafter nicht. Also braucht es Wesen wie uns.

Deshalb war ich die ganze Zeit unterwegs und versuchte, mich als Libellenmensch zu erkennen. So sprach Tim.

Als Tom später zum Paradies kam, brauchte auch er ein paar Tage ohne Forschung. Die Sonne kam wieder. Tom ließ Lula auf seinen Schultern sitzen, als sie durch den immer dichteren Wald zum Bach gingen. Die Libellen waren noch da, mindestens vier Arten.

Es war beinahe wie immer, sie schwammen, hielten die Augen offen, Tom fotografierte, Lula zeichnete in ihrem Notizbuch und Tim holte nach einer Weile schwimmend (oder fliegend), was sie auf der anderen Seite des Teichs vergessen hatten.

Erst am späten Nachmittag, sie lagen bereits im Schatten, um sich keinen Sonnenbrand zu holen, fing Tom an, über seine Forschungsergebnisse zu reden. »Räuberische Insekten«, so nannte man sie unter den Kommilitonen, und meinte damit ihre Erkenntnisse bezüglich der hochauflösenden Augen der Libellen, über ihre abgegrenzten Schärfezonen, bei denen sie den Kopf so drehten, dass das Tier, das sie fressen wollten, immer im schärfsten Teil des Gesichtsfelds blieb. Wenn Libellen jagen, jagen sie vor dem Hintergrund des Himmels und machen die Silhouetten von Beutetieren aus, die über ihnen fliegen. Übrigens zählen die Augen der Libellen überhaupt zu den schnellsten Augen.

Tim rutschte ein wenig weiter hin zum schattenden Haselstrauch. Ist das alles?, fragte er.

Tom stützte sich auf die Ellbogen, damit er Tim zur Gänze sehen konnte. Nicht alles, im Gegenteil. Es scheint, dass Libellen keine Ohren haben, so wie die Stubenfliegen und die meisten Käfer.

Tim und Lula lachten gleichzeitig. Du hast lange gebraucht, um das für die Universität zu ermitteln.

Ihr habt es gewusst?, fragte Tom.

Aber ja! Tim räusperte sich, Libellen brauchen keine Ohren, ihre Augen erledigen alles, was sie brauchen.

Tom blieb nichts anderes übrig, als mitzulachen.

Eigentlich hätte ich es wissen müssen, dass ihr es wisst. Botschafter wissen immer alles.

Hast du das auch an deiner Universität gelernt?

Tom schaute sie beide an: Eigentlich bin ich selbst draufgekommen.

Lula streckte beide Arme aus: Kommt zu mir! Sie versuchte, beide zu sich zu ziehen, Tom rechts und Tim links. Nachdem sie sich bei beiden eingehakt hatte, begann sie zu singen: Wir wissen, was wir wollen, wir wissen, was wir sollen, wir kennen unsere Rollen, daher gibt's kein Schmollen. Wir leben im Gleichgewicht, mit Leerem und mit Vollem, mit Weinen und mit Wollen. Ihr Singen löste sich in Lachen auf.

Tim zwitscherte noch: Fehlt nur noch, dass wir das Gleichgewicht verlieren und ins eiskalte Wasser fallen.

Für kurze Zeit waren sie wieder Kinder, die sich unter lautem Gelächter gegenseitig ins Wasser boxten, mit nassen Haaren und Insekten im Mund, die erneut zu Zellen wurden und sich wieder zusammensetzten, vielleicht mit anderen Farben und nicht in denselben Körpern. Noch gab es Leben, millionenfaches, unterschiedliches Leben.

Es liegt an euch, meinte Tom, aber vielleicht auch an mir, die Gefährdeten, deren Schönheit kaum gilt, zu schützen, solange wir das können.

Und wir werden immer wieder ins Paradies zurückfinden, solange es ein Paradies gibt.

Käfer überall

Ich war eine Frühgeburt, und meine Mutter hat mich nie in die Arme genommen. Ich bin lange in einer Glaskiste, später hätte ich gesagt: in einem Glassarg, gelegen. Je länger ich darin lag, desto kälter kam es mir vor. Nicht weil es darin eiskalt war, sondern weil es keine Berührungen gab, außer wenn Ärzte an mir herumgriffen, Schläuche in meinen Mund steckten, um mich zu ernähren, oder wenn Schwestern meine Windeln wechselten.

Meine Mutter war aus einem anderen Land, aus welchem, wussten nicht einmal die, die sich um mich kümmerten. Niemand hatte sie gekannt, niemand wusste, wie sie hieß oder wie mein Name sein sollte, also hatte ich keinen. Hin und wieder schlich eine Frau mit dicken schwarzen Locken in mein Zimmer. Sie sah mich an, und ich streckte sogar meine Hände nach ihr aus.

Ich habe noch Milch, flüsterte sie: Hast du Lust darauf?

Ich bewegte Hände und Füße.

In Ordnung, ich werde mit dem Doktor, der meinem Kleinen nicht mehr helfen konnte, reden. Sie seufzte dabei, lächelte aber gleichzeitig auch.

Ich fing zu schreien an. Eine Schwester kam, wollte mir etwas in den Mund stecken. Ich spuckte, schrie weiter, bis die Türe aufging.

Die Frau mit den schwarzen Locken zog den Doktor herein. Sofort hörte ich mit dem Schreien auf.

Sehen Sie?

Vor allem höre ich, sagte der Doktor.

Ich habe noch Milch, auch wenn es meinen Kleinen nicht mehr gibt.

Wir haben überall nachgefragt, aber niemand weiß, wo die Frau herkam, der das Kind in der Straßenbahn aus dem Bauch gerutscht ist, sagte der Doktor. Als die Rettung eintraf, war sie schon verschwunden. In Nacht und Nebel, als hätte es sie nie gegeben.

So wie mein Kleiner. Die Frau weinte kurz. Ich habe alles, was die Kleine braucht, sogar noch Milch. Sie zog den Pullover hoch, drückte eine ihrer Brüste, um zu zeigen, dass sie die Wahrheit sagte.

Wir haben die Kleine schon viel zu lange hier, sagte der Doktor, niemand fragt nach ihr oder ihrer Mutter, die bleibt verschwunden. Ich überlege, ob es Sinn hat, die Kleine in ein Heim zu bringen.

Doch nicht im Ernst, rief die Frau mit den dicken Locken. Ich bin in einem Heim aufgewachsen, fragen Sie mich nicht, wie!

Der Doktor dachte nach: Sie haben tatsächlich alles, was Sie für das verlorene Kind brauchen?

Und wie, sagte sie keck. Sie können gerne nachsehen.

Vielleicht tue ich das auch. Ich sage der Schwester, sie soll das Baby reisefertig machen.

Die Frau lief in ihr Zimmer, packte alles zusammen, kam im richtigen Moment, als auch ich verpackt war.

Wie heißen Sie?, fragte die Schwester, die mich auf dem Arm trug.

Rabeia Witch.

Mit tch oder mit tsch?

Wie immer Sie wollen. Schon lag ich in den Armen der Frau mit den dicken schwarzen Locken.

Die Schwester schüttelte den Kopf: Wie kommen Sie denn nach Hause?

Wir fliegen, raus aus der Türe zu den Wolken.

Ich war vor Glück eingeschlafen. Als ich wieder wach wurde, lag ich in einer Wiege, die von selber schaukelte, leicht, aber sehr beruhigend. Es war warm im Haus. Rabeia kam auf mich zu, hob mich auf, wechselte meine Windeln, nahm mich an die Brust. So also schmeckte echte menschliche Milch. Kein Vergleich zu dem Zeug, das ich täglich mit dem Schlauch bekommen hatte. Ich schluckte und schluckte, bis mein Bauch schwerer war als ich ohne ihn. Sie zog den Pullover über ihre Brüste, ich rülpste, sie wischte mein Gesicht ab, legte mich zurück in die Wiege.

Jetzt schläfst du bis morgen früh, dann sehen wir weiter.

Als ich wieder wach wurde, spürte ich, dass ich gewachsen war. Ich stieß auf etwas in meinem Mund, das ich nicht kannte, aber mit meiner Zunge abtastete.

Rabeia kam lachend auf mich zu: Der erste Zahn, die Milch hat's getan.

Dann hob sie mich auf, säuberte mich in einer kleinen Wanne, zog mir Sachen an, die alle Farben hatten.

Rabeia und ich begannen miteinander zu reden, sie in Worten, ich mit den Fingern.

Es blieb warm im Haus, sie zeigte mir den Schnee da draußen, weiß und hoch, dazu die Bäume rundum, die der Wind schüttelte. Ich kannte nichts von alldem, freute mich nur so sehr, dass ich mir die Hände rieb, mit den Fingern zeigte, was ich sehen wollte, trank, schlief und lachte, bis ich alle Zähne hatte.

Von nun an kannst du selbst essen. Ich schaute sie an, deutete auf ihre Brust.

Da ist nichts mehr drinnen. Es ist Frühling, jetzt gibt es einen anderen Speiseplan.

Milch, sagte ich und verzog das Gesicht zu einem Fragezeichen.

Die Milch kommt von jetzt an von den Kühen. Wir werden sie gemeinsam vom Stall oder von den Wiesen holen, verstanden?

Kuh, sagte ich, Kühe war mir noch zu anstrengend.

Ja, Kuh und Kühe, du wirst sehen. Sie sind groß, haben Hörner, vier Beine und vier Zitzen, aus denen die Milch kommt, wenn du an ihnen ziehst.

Ich durfte zum ersten Mal Butterbrot essen, auch Himbeersaft trinken, nicht schlecht.

Nach dem Essen kam sie mit einem Buch, zeigte mir eine Kuh, dann mehrere Kühe. Ich gebe zu, dass ich mich ein wenig fürchtete. So verging die Zeit. Einiges weiß ich nicht mehr, aber zu Beginn des Frühlings wuchs ich immer. Inzwischen fing ich an zu sprechen, so wie Rabeia sprach.

Es war nicht gerade leicht, aber es war auch nicht leicht mit dem Kater, der an einem Tag im Winter an der Türe stand und bei uns blieb. Auch er sprach in verschiedenen Tönen, doch dauerte es meist eine Weile, bis ich kapierte, was er sagen wollte. Und die Vögel, die rundum in den Bäumen saßen, ließen die Fensterbänke nicht aus den Augen, da Rabeia öfter Kerne darauf streute.

Ich konnte bereits allein in den Garten gehen, lernte dabei eine Schlange kennen, die sich, nachdem wir uns eine Zeit lang in die Augen geschaut hatten, rückwärts entfernte, so wie ich es auch machte, nur in die andere Richtung.

Eines Tages sagte Rabeia: Ich kann nicht immer Schatz zu dir sagen, du brauchst einen Namen.

Einen Namen. Wieso einen Namen?

Du wirst ihn noch brauchen.

Und wozu?

Wenn du andere Menschen kennenlernen wirst.

Ich möchte aber keine anderen Menschen kennenlernen. Irgendwie dachte ich dabei an meine Frühzeit. Ich wusste nicht mehr genau, wer da gewesen war, jedenfalls niemand, den ich wiedersehen wollte.

Rabeia war ungeduldig. Vielleicht bekommen wir öfter Besuch, mein Schatz, da möchte ich dich namentlich vorstellen können.

Ich wurde misstrauisch. Besuch, was soll hier Besuch?

Werd nicht bockig. Sogar der Kater hat einen Namen, wie du weißt.

Du meinst den Silberschwanz?

Du bist kein Kater, also denk dir etwas aus.

Ich schwieg, zupfte an meiner Unterlippe, ging hinaus, setzte mich auf die beim letzten Sturm umgekrachte Kiefer. Woher sollte ich mir einen Namen holen? Aus den Büchern, die sie mir vorgelesen hat? Da hießen alle immer gleich. Inzwischen hatte sich eine Amsel auf denselben Kiefernstamm gesetzt und beäugte mich. Vielleicht wäre Amselina ein Name für mich, aber dann glaubt sie, ich werde sie immer füttern. Oder Kaninona? Zu lang, viel zu lang. Hemma? Zu nahe zum Hammer. Nanette? Klingt zu brav. Und Vilma? Klingt beinahe wie »Will man oder nicht«. Ich wollte irgendetwas Lebendiges, kurz, aber besonders. Ich legte die Hände auf die Augen, um nachzudenken. Auf einmal schrie und zappelte ich: Leb-i-a. Lebia, Lebia, Lebia! Es hörte sich so leicht an. Ich hopste, stolperte über die Türschwelle, fiel über Silberschwanz, der aufsprang und auf die Ofenbank hüpfte, mit seinem weißen Schnurrbart. Er hatte gerade den letzten Schluck Milch geleckt und starrte mich an, als wäre ich ein Kettenhund.

Entschuldige, war nicht absichtlich. Als ich auf ihn zuging, zog er sich noch weiter zurück. Erst als ich mich in die Speisekammer schlich und mit einer Scheibe Wurst zurückkam, war er wieder der Alte.

Rabeia, die im Hinterzimmer arbeitete, hatte etwas gehört. Sie kam in die Küche: Ist was passiert?

Bin gestolpert. Ich zeigte ihr meinen linken Arm, der einen roten Fleck bekommen hatte. Sie wollte etwas sagen, aber ich kam ihr zuvor.

Ich habe einen Namen gefunden, keinen üblichen, einen besonderen, einen kurzen, aber auch guten.

Höchste Zeit, sagte sie, am Sonntag hast du deinen vierten Geburtstag.

Den hatte ich tatsächlich vergessen.

Nun, wie lautet dein Name? Und als ich nicht sofort antwortete: Hoffentlich ist er nicht zu lang oder zu kompliziert.

Ich spreizte meine Füße ein wenig, stand auf den Zehen und hob die Hände bis zum Kinn: Du wirst es nicht erraten.

Deshalb frage ich dich ja.

Lebia, Lebia, Lebia!

Sie schien überrascht zu sein, schüttelte den Kopf, lächelte dabei, nahm mich mit ins Hinterzimmer. Als wir saßen, holte sie eines der Kekse, die sie gebacken hatte, legte es in meine Hand: Weißt du, was das heißt?

Mir war klar, dass nun zumindest eine Glaskugel platzen würde, auch wenn ich noch keine sehen konnte.

Rabeia holte Luft: Ich versuche, dir zu zeigen, wer so heißt. Lebia ist ein Käfer, ein Grünblauer Prunkkäfer, klein und sehr schön. Sie holte ein Stück Papier, zeichnete den Käfer, nahm sogar ihre Buntstifte dazu, zeigte mir, wie Lebia aussah, und schrieb Lebias Familiennamen darunter, chlorocephala.

Ich kannte einige Käfer aus dem Garten, meist aber verschwanden sie, bevor ich sie mir genauer ansehen konnte. Nachdem Rabeia mir das Blatt geschenkt hatte, konnte ich meinen Blick nicht mehr von dem Käfer lösen. So würde ich auch gerne aussehen.

Das kannst du nicht, du bist noch kein Käfer.

Ich überlegte: Aber ich kann die Käfer suchen und mit ihnen reden.

Es genügt, wenn du sie findest und dabei auch herausfindest, was sie tun oder nicht tun. Sie haben Aufgaben für und in dieser Welt, wie wir alle.

Ich auch?

Zumindest, was die Käfer betrifft. Lebia, Lebia, Lebia – du hast ihn dir ausgesucht, ohne es zu wissen.

Sie sagte es so, dass ich beinahe in die Hose machte.

Rabeia begann wieder zu lächeln: Sagen wir, je länger du lebst, desto mehr Käfer wirst du entdecken und dabei alles über sie herausfinden.

Ich nickte, zupfte an meinen roten Haaren. Hoffentlich finde ich diesen Lebia-Käfer bald.

Sie sah mich an: Wenn nicht, fliegen wir zu Orten, wo man ihn finden kann. Du kannst sprechen, alleine auf die Toilette gehen, kannst dich selber anziehen, waschen, frisieren, alleine in den Garten gehen, weißt, was dir beim Essen guttut, schaust in die Hefte und Bücher, die ich habe. Ich nehme an, dass du langsam zu lesen anfangen wirst und auch nicht mehr erschrickst, wenn jemand an die Tür klopft.

Ich nahm mich zusammen und antwortete: Wenn das alles ist, werde ich es schon hinkriegen.

Es war kein Tag wie jeder andere. Ich als Käfer oder mit Käfern oder auf Käfersuche, noch dazu mit einem Käfernamen. Ich schüttelte die Haare, als sollten Läuse runterfallen, die den Käfern schmecken.

Ich fing an, mich zu fragen, welche Käfer ich schon gesehen hatte, ohne sie mir genauer anzuschauen. Vor lauter Nachdenken wurde mein Kopf so heiß, dass Rabeia schon glaubte, ich hätte Fieber.

Wieder schüttelte ich den Kopf: Ich denke.

Das kannst du auch nach dem Essen machen, meine liebe kleine Lebia. Es war das erste Mal, dass sie mich mit einem Namen ansprach, meinem Namen.

In ein paar Tagen werden wir dich und deinen Namen feiern, aber jetzt ab in die Küche.

Ich hatte wieder einmal zu wachsen begonnen, aß und aß und aß, zumindest in meiner Erinnerung. Was immer ich im Garten, in der Speisekammer fand oder von Rabeia vorgesetzt bekam. Von Erbsen, Erdäpfeln, Sellerie, Spinat, Radies-chen, Bärlauch, von Bohnen bis zu Rohnen und hin und wie-der einem Ei. Rabeia nahm mich mit in den Wald. Sie schnitt verschiedene Kräuter ab und erklärte mir, wofür sie gut seien.

Einmal in der Woche flogen wir zum Markt, wo sie all das loswerden konnte, was sie im Garten geerntet, an Wolle ver-strickt, an Stoffen vernäht, an Teekräutern gemischt und an Keksen gebacken hatte.

Danach war alles leicht, im ledernen Beutel klimper-ten die Geldstücke, raschelten die Scheine, wenn auch nur kurz. Sie kaufte wieder Farben, Pinsel, Stifte, was immer sie brauchte, um an neuen Bildern zu arbeiten.

Ach ja, sagte sie zum Schluss, beinahe hätte ich es vergessen. Sie blieb vor einem Korb mit Büchern stehen, durchwühlte ihn, nahm eines heraus. Ohne Buch kein Fluch, flüsterte sie, niemand will noch ein Buch, das wird sich noch rächen. Die echten Zauberer sind Hand und Hirn, merk es dir.

Als ich nun vier Jahre alt geworden war, einen Namen hatte und Rabeia mir ein Hosenkleid geschneidert hatte, änderte sich einiges. Zieh es an: Jetzt, wo du einen Namen hast, kommt auch Besuch ins Haus.

Als ich wieder einmal sagte, ich wolle keinen Besuch, rief sie: Aber ich. Die Welt ist voller Menschen, da ist es wichtig, mit einigen befreundet oder zumindest bekannt zu sein.

Ich ging nach draußen, wusste nicht, was ich tun sollte. In Wirklichkeit hatte ich Angst davor, andere Menschen im Haus zu sehen.

Als ich dann auf dem umgekrachten Kiefernstamm saß und vor mich hinrotzte, sah ich etwas, das wie ein Käfer aus-sah. Rabeia hatte mir erklärt, dass es so viel mehr Gattungen und Arten gebe als Menschen. Er kam langsam auf mich zu, so dass ich ihn genauer ansehen konnte. Er war nicht groß, doch wenn ein Sonnenstrahl ihn traf, wurde er glänzend blau und hatte weißgelbe Flecken am Rücken, vier links und vier rechts, als ob Rabeia mit dem Pinsel darauf getupft hätte. Von seinem Kopf standen Fühler ab, die sich hin und wieder bewegten.

Und jetzt? Mir war nicht klar, ob er beißen würde oder nicht. Wir sahen einander an, ich hielt ihm die Hand hin, er krabbelte darauf und kurz danach in die Tasche meines Hosenkleids. Ich hielt die Tasche zu, lief ins Haus, suchte etwas, in das ich den Käfer setzen konnte, ohne dass er erstickte.

Rabeia war beschäftigt, buk Brot und Kekse, hängte einige Zeichnungen, die sie gemacht hatte, auf, saß zwischendurch an der Nähmaschine, um das Kleid fertigzumachen, das sie anziehen wollte.

Viel zu viel auf einmal. Ich versuchte, ihr nicht zwischen die Beine zu kommen, ging nach oben, fand eine kleine Schachtel und stach mit einer Stricknadel Löcher hinein. Der Käfer war schon aus meiner Tasche geklettert, schaute sich auf dem Tisch um.

Vielleicht war er hungrig, vielleicht aber nur neugierig. Ich stellte die Schachtel in seine Nähe, legte sie mit ein paar Nadeln vom buschigen Kiefernstrauß in Rabeias Zimmer aus. Ich wollte wissen, was der Käfer tun würde. War er müde? Er kletterte in die Schachtel, bettete sich auf die Kiefernnadeln, als würde er schlafen wollen. Ich verschloss die Schachtel mit dem durchlöcherten Deckel und kam mir großartig vor. Auch ich wurde immer müder, ließ mich auf das Bett fallen und schlief.

Als ich aufwachte, hörte ich: Lebia, Lebia, Lebia, wo steckst du denn?

Oben, oben, oben. Ich stand auf, putzte meine Nase.

Wir haben Besuch, runter mit dir.

Eine Weile blieb mir das Herz stehen. Also doch, ich hatte es befürchtet.

Ich komme, sagte ich leise, nahm die Schachtel, steckte sie mitsamt dem Käfer in meine Tasche, ging Stufe für Stufe so langsam wie möglich nach unten.

Es war ein Mann, der am Tisch saß, während Rabeia Blumen in eine Vase steckte. Als ich schon beinahe beim Tisch war, stand er auf, war auf einmal größer als Rabeia, die das neue Kleid anhatte.

Das ist Doktor Weißhand, der dich am Leben gehalten hat, bis ich mir dich geholt habe. Er verneigte sich, sah mich an, von oben nach unten, von unten nach oben. Wer hätte das gedacht: ein reizendes, rothaariges, rankes Wesen, das schon vier ganze Jahre hinter sich hat. Das geht nur mit Zauberei.

Rabeia hob das Kinn: Man muss ein Gefühl dafür haben.

Ich saß da, wusste nicht, worum es ging, spürte aber, dass der Käfer in der kleinen Schachtel erwacht war und nach draußen wollte.

Rabeia stand auf: Jetzt feiern wir Lebias Geburtstag. Ich gehe kurz in die Küche, um nachzusehen, ob alles bereitsteht.

Ich saß da und wusste nicht, was tun. Der Doktor räusperte sich, fragte: Was machst du denn am liebsten?

Ich sah ihn an, griff in meine Hosentasche, holte die Schachtel heraus, öffnete den Deckel. Der Käfer stieg heraus und spazierte langsam über den Tisch.

Du kennst also Käfer und kannst mit ihnen umgehen?

Ich kenne nicht alle, aber der ist mir zugelaufen, als ich auf dem umgekrachten Kiefernstamm saß. Er hat so schöne gelbliche Flecken auf seinem blauen Rücken.

Lass mich sehen. Ich kenne auch nicht alle, aber das ist wohl ein Achtpunktiger Kiefernprachtkäfer.

So einen langen Namen hatte ich nicht erwartet: Für mich heißt er Acht-Punkt-Blau.

Plötzlich hatte ich das Gefühl, der Käfer habe Hunger. Also kippte ich die Schachtel, ließ die Kiefernnadeln rausfallen, er krabbelte auf sie zu, um sie anzuknabbern.

Der Doktor wollte es kaum glauben.

Du hast es ziemlich faustdick hinter den Ohren. Wie heißt du denn eigentlich? Rabeia hat immer nur von ihrem Schatz gesprochen.

Lebia! Dieser Name ist mir eingefallen, warum weiß ich nicht. Auf einmal war der Name da. Rabeia wollte immer, dass ich mir einen Namen gebe, einen, der auch mir gefällt. Als er mir dann eingefallen war, stellten wir fest, dass es ein Käfername ist. Sie hat ihn mir aufgezeichnet, damit ich ihn erkenne, wenn er in der Nähe ist.

Alle Achtung, sagte der Doktor, als er sah, wie Acht-Punkt-Blau wieder in seine Schachtel krabbelte.

Ich nahm ein nasses Blatt aus der Blumenvase, legte es dazu: Vielleicht braucht er ein paar Tropfen vor dem Schlafengehen. Ich bekomme auch immer von Rabeia eine kleine Tasse Tee vor dem Schlafengehen.

Der Doktor lehnte sich zurück: Übertreib es jetzt nicht mit den Tropfen.

Ich blieb stur: Morgen werde ich ja sehen, ob er die Tropfen aus dem Blatt geschluckt hat oder nicht.

Jetzt ist mir klar, dass ich das richtige Geburtstagsgeschenk für dich habe, sagte der Doktor.

In diesem Augenblick kam Rabeia mit den Tellern und der gute Küchengeruch kam mit ihr. Ihr Gesicht glänzte und ihre Hände versuchten, im Gleichgewicht zu bleiben.

Ich hoffe, ihr habt Appetit. Lebia, komm, hol bitte den Brotkorb. Ich sprang auf, holte nicht nur den Brotkorb, sondern auch die Salz- und Zuckerstreuer. Mir war plötzlich bewusst, dass ich zum ersten Mal mit einem fremden Menschen gesprochen hatte. Na und, dachte ich, irgendwann wäre es ohnehin passiert.

Rabeia hatte sich noch nie so mit dem Kochen bemüht wie dieses Mal. Der Doktor wurde mit dem Lob kaum fertig. Auch ich spürte, wie mein Bauch größer und größer wurde.

Wenn ich mich recht erinnere, war es zu Anfang des Sommers (musste es sein, denn es war mein Geburtstag), da wuchs vieles. Es gab bereits Kirschen, mit denen Rabeia eine Torte geschmückt hatte, aber auch taufrische Mairübchen, Brennnesselspinat, Bärlauch, Radieschen usw.

Als wir zusammen dasaßen, aber nichts mehr runterschlucken konnten, sagte der Doktor: Das ist mein Geschenk zu deinem vierten Geburtstag. Er nestelte in seiner Rocktasche, zog dann eine kleine Hülle hervor: Damit kannst du so viel mehr sehen als deine Augen, selbst wenn sie offen sind. Es ist ein Vergrößerungsglas, man nennt es Lupe, weil das kürzer ist. Er griff nach der kleinen Schachtel, in der Acht-Punkt-Blau schlief. Dann nahm er meine Hand, zeigte mir, wie ich die Lupe halten musste, bis ich Acht-Punkt-Blau viel größer sah, als er ist. Er zeigte so viel mehr von sich, als mit freien Augen zu erkennen war.

Ich lachte, quietschte, bis Acht-Punkt-Blau sich zu bewegen begann.

Hast du verstanden, wie man es macht? Lass jetzt den Kleinen schlafen, morgen ist auch ein Tag.

Mir war, als hätte sich die Welt verändert, als ich die Schachtel zumachte. Tage und Nächte würden von nun an länger dauern.

Mein Geschenk, sagte Rabeia, kann ich dir zwar nicht auf den Tisch legen, aber ich werde es dir zeigen, dazu müssen wir nach oben gehen.

Ich hörte nur mit einem halben Ohr hin, da ich ständig an die Lupe dachte. Ja, ja, sagte ich, mach ich.

Dann komm! Vielleicht will auch Dr. Weißhand es sehen.

Von mir aus. Ich schob die Lupe in meine linke, die Schachtel mit Acht-Punkt-Blau in meine rechte Tasche.

O ja, meinte der Doktor. Ich sehe gerne, wie die Kinder, die ich am Leben gehalten habe, untergebracht werden.

Wir stiegen die Treppe hinauf. Da ich vorausging, bog ich

ab zu Rabeias Schlafzimmer, das bisher auch mein Schlafzimmer gewesen war.

Stopp! Sie nahm mich an der Schulter, drehte mich zu der kleinen Kammer, in der sie oft Kräuter zum Trocknen aufgehängt hatte. Davon war nichts mehr zu sehen, nur der Geruch hing hartnäckig in der Luft. Es gab ein Bett, einen kleinen Tisch, einen Stuhl, einen Kasten, aus dem meine Kleidung herauslugte. Ich erstarrte.

Jetzt hast du dein eigenes Zimmer, Lebia. Höchste Zeit für eine Vierjährige.

Ich wollte etwas sagen, verschluckte mich aber und fing an zu husten.

Du bist kein Baby mehr, schon länger kein Baby mehr, sondern ein Mädchen, das sich bereits bei vielem auskennt, wächst und wächst.

Offensichtlich war der Doktor genauso überrascht wie ich, doch er verschluckte sich nicht. Als ich mit dem Husten fertig war, sagte er: Das ist ein großartiges Geschenk. Ein ganzes Zimmer für dich allein, das heißt doch etwas.

Als ich noch immer überrascht war, flüsterte er mir ins Ohr: Das nennt man Freiheit. Du wirst bald sehen, wie wichtig Freiheit im Leben sein kann.

Er hatte mich davor beschützt, Tränen laufen zu lassen. Ich spuckte und schluckte ein wenig, legte die Lupe mit Acht-Punkt-Blau auf den Tisch, schlug die Decke auf, legte mich, so wie ich war (erste Version von Freiheit), das hingelegte Nachthemd ignorierend, ins Bett. Ohne ein Wort zu sagen, drehte ich mich der Wand zu und tat, als würde ich bereits schnarchen.

Rabeia lag noch einiges auf der Zunge, doch der Doktor hielt den Finger vor die Lippen, nahm sie an der Hand und löschte beim Hinausgehen das Licht.

Der Tag war zu viel für mich gewesen. Als ich Rabeia und den Doktor hinuntergehen hörte, zog ich die Schuhe und das Hosenkleid aus, schlüpfte in das Nachthemd und hoffte, dass die Nacht bald vorbei sein würde, damit ich Acht-Punkt-Blau wieder aus der Schachtel holen könnte.

Mitten in der Nacht musste ich dann aufs Klo. Der Doktor war offenbar noch da, denn als ich zurück ins Zimmer (mein Zimmer brachte ich noch nicht über die Lippen) ging, hörte ich ihn sagen: Ich liebe Hexen. Noch kannte ich dieses Wort nicht, aber, wie der Doktor zu mir gesagt hatte: Morgen ist auch ein Tag!

Als ich an jenem Tag in meinem Zimmer aufwachte, sah ich, dass die kleine Schachtel leer war. Hatte ich im Schlaf nochmals hineingeschaut, womöglich mit der Lupe, oder hat Acht-Punkt-Blau den Deckel aufheben können, um zu entwischen? Ich schoss zum Kasten, holte etwas zum Anziehen heraus, polterte die Treppe hinunter.

Hinter dem Haus stand ein fremdes Auto, wahrscheinlich das des Doktors. Inzwischen hatte ich schon erkannt, dass Fliegen und Fahren nicht immer dasselbe sind.

Ich begann, an mir herumzuschnüffeln. Ob Acht-Punkt-Blau der Geruch der vielen vertrockneten Kräuter zu viel gewesen war? Hier draußen gab es so viele andere Gerüche, dass die meines Zimmers nicht mehr so deutlich wahrzunehmen waren.

Mein erster Weg führte mich zur umgekrachten Kiefer. Ich setzte mich dorthin, wo ich immer saß, wenn ich nachdenken wollte. Ich hörte, dass im Haus jemand duschte, danach das Fenster öffnete. War es Rabeia oder der Doktor? Wo könnte Acht-Punkt-Blau denn sein?

Während ich so dasaß und auf die Rinde des Kiefernstamms schaute, hörte ich leises Brummen. Ich konnte es kaum glauben, doch auf einmal kam Acht-Punkt-Blau daher. Er flog ein paar Mal um mich herum, ließ sich dann in kleinem Abstand neben mir nieder, zog die Flügel so zusammen, dass seine Punkte gut erkennbar waren. Dabei schaute ich ihn mir genauer an.

Natürlich hatte ich die Lupe dabei. Wie schön! Ich sah seine länglichen, gleichfarbenen Rippen mit dem Schild vorne, der wie der Helm eines Radfahrers aussah, nur viel hübscher. Links und rechts hatte er Fühler, die nicht nach vorne, sondern zur Seite gebogen waren.

Lebia, Lebia, Lebia, hörte ich aus der Küche des Hauses: Es gibt Frühstück! Ich überlegte, aber obwohl ich gestern Abend so viel gegessen hatte, war ich hungrig.

Acht-Punkt-Blau fing an die Flügel zu spreizen, als hätte er verstanden, was Frühstück bedeutet, und flog dann in Richtung Wald. Ich war mir sicher, er würde wiederkommen.

Die Zeit verging, aus Doktor Weißhand wurde Jonas, der Wöchentliche. Er kam Samstag mittags und ging sonntags nach dem Abendessen.

Ich wollte Jonas die Käfer, die ich kennengelernt hatte, zuerst ohne Lupe zeigen. Bis dahin hielt ich sie in einer Schachtel, damit sie zur Stelle wären, wenn Jonas sich umgezogen hatte. Dass er jetzt statt mir in Rabeias Schlafzimmer schlief, wusste ich. Dass er wusste, dass ich es wusste, erklärte er mir, als er sagte, ich solle froh sein, dass ich mein eigenes Zimmer hätte, denn er schnarche nachts so sehr, dass Rabeia sich Ohrenstöpsel besorgen habe müssen, damit sie schlafen könne.

Wir sprachen oft über die Käfer. Einmal brachte er mir sogar ein schmales Buch mit, in dem einige Käfer abgebildet waren. Manchmal sprach er davon, dass Käfer ein großes Geheimnis hätten, aber solange ich nicht lesen und schreiben könne, hätte es keinen Sinn, darüber nachzudenken. So blieb es eine Weile.

Natürlich kann ich mich nicht an alles erinnern, sehr wohl aber an meine erste Begegnung mit einem Mistkäfer. Ich war, wie so oft, hinter dem Haus, wo der Wald anfängt.

Ich suchte nicht nur Käfer, sondern auch andere Tiere. Die Lupe, die ich mir mit einer Kette um den Hals gehängt hatte, half mir dabei, auch wenn ich anfangs, obwohl Jonas es mir gezeigt hatte, manchmal nicht genau wusste, wie ich sie am besten halten sollte, um nicht geblendet zu werden, oder mich zu schnell bewegte und das Tier, das ich mir genauer anschauen wollte, sofort verschwand.

Rabeia verbrachte die meiste Zeit in ihrem Hinterzimmer. Sie zeichnete, stickte, strickte, trocknete Kräuter und steckte sie in hübsche Tütchen. Wenn wir dann gemeinsam zu Mittag aßen, zeigte sie mir, was sie mit den Kräutern gemacht hatte, und was sie aus Stoffen, Garnen und Wolle zusammengezaubert hatte. Dann schliefen wir ein wenig in den Liegestühlen, sie länger als ich.

An einem solchen Nachmittag begegnete ich auch einem Mistkäfer. Wie ich schon bei anderen Käfern bemerkt hatte, gab es in jeder Gattung viele verschiedene Arten und Familien. Der Käfer, den ich sah, war dick, groß und schwarz, ein bisschen ins Blaue glänzend. Er kämpfte mit einer Kugel, die nach Kacke roch und die er mit den Hinterbeinen hochstemmte, wobei er auf den Vorderbeinen stand, so dass sein Kopf nach unten gerichtet war. Ich hatte so etwas noch nie gesehen, lief sofort zu Rabeia, rüttelte sie wach und bat sie, sich den Käfer anzusehen. Ein wenig schlaftrunken stand sie auf und folgte mir. Als wir ankamen, war der Käfer schon ein gutes Stück weiter. Ach der, sagte sie, das ist ein Mistkäfer, der unseren Kot in die Erde stopft, ihn dann frisst, wenn das Weibchen ihn nicht als Nahrungsvorrat für ihre Eier braucht.

Ich verzog das Gesicht.

Mach keine Grimassen. Ihm haben wir es zu verdanken, dass unsere Erde halbwegs sauber ist. Als ich das Gesicht nicht mehr verzog, meinte sie, dieser Käfer sei einer von denen, die sich am meisten plagten. Sogar um ihre Kleinen würden er und das Weibchen sich kümmern, was die anderen Käfer fast nie täten. Wir könnten froh sein, dass sie unseren Kot unter die Erde brächten. Dort würden die Wurzeln der Pflanzen schon auf ihn warten.

Ich hatte Rabeia zugehört, und als sie wieder ins Haus ging, wartete ich so lange, bis der Mistkäfer ein Loch gegraben hatte, in das die Kugel und er verschwanden. Das dauerte den ganzen Nachmittag, dann kam das Weibchen und verschwand ebenfalls in dem Loch. Noch immer war ich nicht sicher, ob unser aller Kacke tatsächlich unter die Erde käme. Ich wollte es genau wissen, ging ein paar Schritte weiter bis zum Komposthaufen, schaute mich um, ob jemand mich sehen könnte außer der Kröte, die in der Nähe saß, und zog die Hose runter. Danach ging ich jeden Morgen hin, um zu schauen, ob der Mistkäfer da wäre.

Also doch nicht, dachte ich und ließ es sein. Als ich nach ungefähr zwei Wochen wieder zum Kompost ging, um welke Blätter draufzulegen, war von meiner Kacke nichts mehr zu sehen.

Rabeia hatte doch recht gehabt.

Ich fing an, mir all die Spinnen, die ich im Haus fand, anzusehen. Rabeia hatte mir erklärt, wie das mit ihnen wäre. Sie würden sich von den Fliegen in ihren Netzen, die ohnehin sterben müssten, ernähren und so überleben. Trotzdem wollte ich sie nicht alle in meinem Zimmer haben, schon gar nicht, nachdem ich gesehen hatte, wie schnell eine Wespenspinne sogar eine Gottesanbeterin kopfunter durch ihr Netz schleudern, sie mit Gift lähmen und aussaugen konnte.

Bei den Käfern wusste ich nicht, ob sie überhaupt überwintern könnten.

Nach dem Abendessen fing Rabeia zu reden an, erzählte mir Märchen und Geschichten, zeigte mir ihre Zeichnungen oder schnitt mir die Haare, wenn sie zu lang geworden waren. Hin und wieder sagte sie auch, ich müsse darauf achten, dass ich meine Begabungen richtig einsetzen könne. Manchmal würde man selbst über das, was man erreichen könne, erschrecken. Es sei jedoch wichtig, sich nicht zu ängstigen, sondern genau zu bedenken, was einem schade oder zugutekäme. Noch ist für dich alles möglich, doch du darfst es nicht übertreiben. Zauber ist immer noch besser als Schauder. Menschen würden sich oft überschätzen und immer mehr vom Leben erfahren wollen, dabei aber vergessen, dass es andere Lebewesen schon viel früher gegeben habe, Lebewesen, die in Millionen von Jahren so vieles bereits erfunden hätten, von dem die Menschen glauben, es sei in ihren Köpfen entstanden.

Ich verstand zwar nicht alles, was sie da sagte, aber ich hörte ihr zu, machte mir ein Bild davon und hoffte, dem Prunklaufkäfer Lebia, dessen Namen ich trage, eines Tages zu begegnen. Ich hatte die Zeichnung, die Rabeia von Lebia gemacht und mir geschenkt hat, mit Buntstiften nachgezeichnet. Die Flügelchen blaugrün, den Schild rotgolden, die Rippen braunrot. Doch die langen Antennen ließ ich schwarz. Rabeia rahmte die Zeichnung und ich hängte sie mit einem Reißnagel über das Bett meines Zimmers.

Als die ersten Schneeflocken fielen, dachte ich wieder an Schreiben und Lesen. Nicht weil ich besondere Lust darauf hatte, ich wollte einfach wissen, was es mit dem Geheimnis, von dem Jonas gesprochen hatte, auf sich hatte.

Wenn schon, dachte ich, dann lerne ich das im Geheimen.

Wenn Rabeia und ich zum Markt fuhren, machte ich mich, während sie die neuen Sachen für den Winter verkaufte, selbstständig. Lesen und Schreiben sind Sachen für den Winter, hatte ich mir gesagt und daher hatte ich schon zu Hause einen Beutel eingesteckt, denn ich wollte zu dem Korb mit den Büchern, die man sich, weil sie nicht mehr neu waren, nehmen konnte, ohne sie zu bezahlen. Es schneite, der Korb stand unter dem Dach des Standes. Ich steckte die Hand hinein, suchte ein Buch mit dem Alphabet, alles andere würde ich schon hinkriegen.

Gehst du schon zur Schule? Der Mann mit der grünen Kappe und den gelben Handschuhen, der Gartenscheren, kleine Schaufeln, Zangen und Bleistifte verkaufte, kam auf mich zu.

Noch nicht, aber ich möchte nicht unvorbereitet in so etwas wie Schule kommen.

Ich hatte keine Ahnung, was Schule bedeutete, aber was hätte ich sonst sagen können?

Der Mann kniff die Augen zusammen, als würde er nachdenken. Er begann im Korb zu wühlen. Als seine Hand wieder herauskam, hielt sie ein Buch mit drei Buchstaben drauf: ABC. So viel kannte auch ich vom Alphabet. Ist das alles?

Er öffnete das Buch, gleich liefen kleine Buchstaben auf mich zu. Ich wusste nicht, wo ich anfangen sollte.

Schau es dir doch einmal an, sagte der Mann, und ich hielt ihm den Beutel hin, in den er das Buch fallen ließ. Wenn du es schaffst, damit lesen zu lernen, kannst du wiederkommen. Dann gebe ich dir ein Buch, das dir gefallen wird. Wieder kniff er die Augen zusammen, wiegte den Kopf ein wenig und meinte dann: Mädchen sind meistens schneller damit. Bist du überhaupt ein Mädchen?

Es war kalt. Ich bestand aus Schneestiefeln, einer Hose, einer dicken Jacke mit einer Kapuze aus Fell. Ich zuckte mit den Achseln: Mal so, mal so, je nach Wetter. Ich wusste nicht, warum ich das sagte. Er lachte kurz auf: Jedenfalls hast du eine spitze Zunge. Der Mann lüftete kurz seine Kappe, hob zwei Finger und hielt sie kurz an die rechte Schläfe.

Als ich wieder zu Rabeias Stand kam, hatte sie mich schon suchen wollen: Wo warst du die ganze Zeit? Ich habe mir schon Sorgen gemacht.

Ich dachte kurz nach: Geheimnis! Und als sie mich verblüfft anschaute, sagte sie: Was soll das?

Ein Geheimnis und eine Überraschung, ich bin aber noch nicht fertig damit.

Sie schüttelte den Kopf und fing an, die übriggebliebenen Sachen einzupacken.

Eines Tages hatte Silberschwanz sich in mein Zimmer geschlichen. Ich ertappte ihn dabei, wie er eine der halb offenstehenden kleinen Schachteln mit den Pfoten so lange stupste, bis sie runterfiel, und ich begriff, dass er etwas vorhatte. Schon griff er mit den Krallen nach einem der Käfer, der auf den Rücken gefallen war.

Was willst du von den Käfern? Ich hatte schon eine ganze Menge und wollte wissen, ob sie den Winter überleben würden. Bisher waren es der Gallische Sandlaufkäfer in leuchtendem Grün mit weißen Flügelbinden, ein anderer, den ich unter Steinen gefunden hatte, hieß Bunter Engelhalsläufer und hatte braune Flügeldecken und einen metallisch grünen Kopf samt Schild.

Manchmal wusste ich gar nicht, woher ich die Namen hatte, die zu den Käfern gehörten.

Auf einmal hatte Silberschwanz einen in den Krallen, schubste ihn aber sofort wieder weg. Ich klatschte in die Hände. Silberschwanz schaute dumm, als der Käfer in die Schachtel zurück kletterte.

Nichts für dich!, rief ich.

Silberschwanz begann sich an der Pfote zu lecken. Zeit zum Abendessen!

Händewaschen, tönte es von unten.

Ich legte alle Käfer in ihre Schachteln, stellte sie auf den Tisch und schloss sie. Als wir unten waren, begann Silberschwanz, sich von oben bis unten zu putzen. Ich holte Töpfe und Teller aus der Küche, füllte die Schüssel mit Futter für ihn, obwohl er bereits gefressen hatte. Ich hatte nämlich gesehen, wie er, bevor er in mein Zimmer gekommen war, mit einer Maus im Maul aus dem Wald schlich.

Was machst du eigentlich den ganzen Tag in deinem Zimmer?, fragte Rabeia.

Nicht den ganzen. Weder in der Früh noch zu Mittag, erst recht nicht am Abend.

Rabeia zog eine Strähne von ihrer Stirn hinter ein Ohr.

Und du, was machst du immer in deinem Hinterzimmer?

Ich erfinde schöne Dinge und versuche, sie so zu gestalten, dass sie noch schöner werden.

Zeigst du sie mir?

Noch nicht, erst wenn ich sie wirklich gelungen finde. Aber was machst denn du?

Ich versuche zu lernen.

Was willst du denn lernen, so ganz alleine?

Wart es ab, ich muss noch auf vieles draufkommen.

Jonas kann dir am besten helfen.

Aber nicht, wenn er nicht da ist.

Nach dem Essen saßen wir noch auf dem Sofa, erzählten uns einiges vom Tag, bis ich schlafen gehen wollte, freiwillig. Rabeia witterte, dass ich insgeheim an etwas dran war, genauso so wie sie.

Im ABC war ich schon bei KLM und versuchte nun herauszufinden, was alle diese Buchstaben bedeuten.

Wenn eine Zeitung ins Haus kam, holte ich sie mir, probierte, die einzelnen Laute mit den richtigen Zeichen zu verbinden.

Manchmal las mir Rabeia etwas aus der Zeitung vor, über das sie sich ärgerte oder freute. Ich versuchte, es nicht zu vergessen, damit ich wieder einen Buchstaben mit einem Laut verbinden konnte. Ich fragte mich oft, wie Käfer miteinander sprechen. Sprechen sie überhaupt? Oder hörte ich es einfach nicht, weil sie zu leise sprachen? Im Schlaf konnte ich schon vieles lesen, doch es zerfiel, sobald ich aufwachte.

Als Jonas am Samstag kam, hatte er einen Schlitten dabei. Wir gingen durch den Wald, dann einen Hügel hinauf. Er zeigte mir, wie man am besten nach hinaufgeht und wieder herunterkommt, indem er mich auf dem Schlitten vor sich setzte, mit seinen Händen die meinen führte, so oft, bis auch ich es konnte.

Wenn du willst, werden wir das bald wieder tun, auf einem höheren Hügel, auf dem auch andere Kinder rodeln.

Aber erst, wenn ich es besser kann.

Üben, sagte Jonas.

Hüben, drüben am Hügel, sagte ich.

Und er: Über den Rüben neben den Zügen als Vergnügen.

Mit kurzen Schüben hin zum Süden, wo schon die Schneeglöckchen blühen, sagte ich.

Bravo! Habe ich es mir doch gedacht, dass du lesen lernst. Du bist schon bei Ü?

Noch will es nicht glücken, sich mit den Brücken zu den Lücken zu bücken, ohne eine Schaufel zu zücken.

Wird ja immer besser, Lebia. Wie hast du es gemacht?

Mit einem Buch und meinen Ohren. Aber sag es Rabeia nicht, ich bin noch nicht fertig mit dem Alphabet.

Überraschung?

Ich nickte heftig: wegen dem Geheimnis, von dem du gesprochen hast.

Du hast es nicht vergessen?

Wie denn, wenn ich jede Nacht etwas Neues erfahre, es aber noch nicht zusammensetzen kann.

Du machst mir geradezu Angst. Jonas legte den Daumen unter mein Kinn, so dass wir uns in die Augen sehen mussten.

Versprochen ist versprochen, sagten wir beide gleichzeitig.

Vielleicht zu Weihnachten? Du hast noch zwei Wochen Zeit.

Lesen gegen Geheimnis?

Handschlag, sagte Jonas. Ich schlug ein. Als wir nach Hause kamen, war es beinahe dunkel.

Ich habe mir schon Sorgen gemacht, sagte Rabeia. Sie hatte allerlei Getränke hergerichtet, von Kakao bis Kaffee, von Tee zu Johannisbeersaft, und einen Kuchen, der aussah wie ein Halbmond mit Mütze. Das Kleid, das sie trug, bestand aus weißer Wolle mit schwarzen Buchstaben darauf, ihr Kopf war wie immer voll schwarzer Locken, ihre Haut ganz weiß.

Aller guten Dinge sind drei, auch wenn sie doppelt sind. Jonas kam mit einem Karton und legte ihn in Rabeias Schoß.

Es kamen zwei schwarze Pumps und ein Ring mit schwarzem Stein heraus.

Ich hatte für sie einen Hirschkäfer gezeichnet, der mir beim Zeichnen zugeschaut hatte. Er war so stattlich, dass ich die Stifte nur vorsichtig bewegte. Während ich zeichnete, hörte ich in meinem Kopf etwas über sein Leben. Hörte ist das falsche Wort. Es war eher so, als würde etwas von seinem Kopf in meinen schlüpfen. Ich fühlte, was er mir sagen wollte, ohne dass er mit mir sprach. Auf einmal wusste ich, dass dieser Käfer der größte und schönste aller Käfer

war. Er war auch ein großer Kämpfer, der andere Hirschkäfer von den Ästen stößt. Ansonsten liebte er die Säfte von
Bäumen, die ihm die Weibchen als Geschenk bringen würden.

Rabeia und Jonas schauten sich kurz in die Augen. Habe
ich es mir doch gedacht, sagte er.

Was hast du dir gedacht?

Er schüttelte sanft den Kopf: Wir haben noch viel Zeit,
darüber zu reden. Heute hat Rabeia ihren Jahrestag. Da geht
es vor allem darum, dass du den Hirschkäfer gut gezeichnet hast. Rabeia stand auf und umarmte mich. Du hast auch
dafür Talent!, sagte sie.

Als ich am nächsten Tag, einem Sonntag, aufwachte, lief ein
Lilienhähnchen über mein Kissen. Es blieb stehen, als ich
den Kopf hob. Ich hatte das knallrote Hähnchen schön gefunden und es wie die anderen in eine kleine Schachtel mit
ein wenig Erde zum Überwintern gesteckt. Ich dachte, es
wäre zu warm in meinem Zimmer, weshalb es auch aus seinem Winterschlaf aufgewacht sei. Noch schöner fand ich die
Lilien, die Rabeia vor dem Haus pflanzte, deren Blätter aber
von den Hähnchen angefressen werden. Klug ist es auch, das
Hähnchen. Sobald man in seine Nähe kommt, lässt es sich
auf den Rücken fallen. Weil es einen schwarzen Bauch, aber
auch schwarze Beine hat, sieht man es dann nicht mehr. Ich
hatte es dennoch gefunden und zu einem kleinen Topf mit
Schnittlauch getragen. Ich hatte schon öfter Hähnchen be-
obachtet, die die Blüten des Schnittlauchs fraßen, und daher
dachte ich, dass es dann vielleicht Rabeias Lilien verschonen
würde.

Das Lilienhähnchen in meinem Bett fing zu zirpen an.
Das hatte ich noch nie gehört.

Dir ist zu warm, ich bringe dich woanders hin, wo es kühler ist.

Es hatte mich verstanden, denn es stieg wieder in seine kleine Schachtel, ich legte den Deckel drauf, stellte die Schachtel zwischen die beiden Fensterscheiben, schon gab es kein Zirpen mehr.

Es war noch nicht Zeit zum Frühstücken. Ich griff nach dem ABC-Buch und der letzten Zeitung. Da war ein Buchstabe, der wie eine nach unten gedrehte Spitze oder ein umgekehrter Dachgiebel aussah. Ich kannte bereits OL und K. Was bedeutet OLK? Auf der ersten Seite der Zeitung standen viele Leute zusammen vor einem großen Haus mit offener Türe. VOLK rief ich plötzlich. Das kann nur Volk heißen. Und das doppelte V?

Ich nahm wieder OLK, versuchte vorne oder hinten einen Buchstaben anzuhängen. E kannte ich schon länger. OLKE: Ich schaute zum Fenster hinaus. Wolke schrie ich. W ist eine Wolke. Ich zeichnete die Buchstaben, eine ganze Zeile lang: WOLKE, WOLKE, WOLKE, WOLKE, WOLKE. Dann fing ich an, Menschen zu zeichnen, sie in Wolken zu stecken, so dass man nur ihre Gesichter erkennen konnte.

Ich war hungrig, sehr hungrig, stand auf, wusch mich, zog mich an. Ich wusste, wie man Frühstück macht, also holte ich alles aus der Küche, was auf den Tisch kommen sollte. Kurz darauf hörte ich Rabeia die Treppe herunterkommen. Silberschwanz schlüpfte durch seine Klappe, setzte sich vor seine leere Schüssel, schlug mit dem Schwanz, schrie in seinem Hungerton, zitterte ein wenig mit den Barthaaren. Dann kam auch Jonas. Es wurde ein langes Frühstück, jeder und jede wollten was anderes. Jonas Kaffee, Rabeia Tee, ich Kakao, Silberschwanz eine Art Suppe, die nach Fleisch roch.

Es war zwei Tage vor dem Tag, nach dessen Ende es ein neues Jahr geben sollte. Ich war mit Rabeia wieder zum Markt gefahren, half ihr, alles auszupacken, was sie herzeigen oder auch hergeben wollte. Als sie mit einer anderen Frau, die sie kannte, ins Gespräch kam, schlich ich wieder zu dem Mann mit der grünen Kappe und dem Korb voller Bücher.

Hat es mit dem Alphabet geklappt?, fragte er. Es schneite dichte Flocken und der Mann hatte seine Kappe beinahe bis zu den Augen heruntergezogen.

Gut, nur zwei Buchstaben fehlen mir noch. Ich hatte sie schon abgezeichnet, um sie ihm zu zeigen.

Hm! Kein Wunder, die gibt es nicht so oft. Das eine heißt Ypsilon, aber wenn du es beim Sprechen verwenden willst, klingt es so ähnlich wie ein Ü. Das andere ist ein Q, und wenn du das sprechen oder schreiben willst, musst du zum Q immer ein U setzen.

Ich holte tief Luft.

Ich zeige es dir, sagte der Mann. Er nahm einen Bleistift, ein Blatt Papier, schrieb das Ypsilon und das Q, und danach alles, was er mir schon erklärt hatte.

Ansonsten kannst du lesen?

Ich nickte vorsichtig.

Dann such dir eines von den Büchern aus und lies mir ein paar Zeilen vor.

Ich brauchte eine Weile, nahm mir dann ein Buch mit vielen gezeichneten Bildern, dazwischen waren immer ein bis zwei Sätze.

Fang an!

Ich zog meinen Handschuh aus, fuhr mit dem Zeigefinger unter die Buchstaben und versuchte, Wörter daraus zu machen. Als ich die erste Zeile nicht gleich erfasste, sagte ich, ich müsse noch meine Nase putzen. Dann fing ich an: Die meisten Leute kommen in Verlegenheit, wenn es darum geht, Märchenhelden zu benennen, aber wenige haben Schwierigkeiten, sie zu beschreiben. Als ich damit fertig war, fragte er: Gehörst du zur Witch?

Ich nickte wieder.

Kein Wunder, dass du schon lesen kannst. Eine schöne Frau, die viel Schönes macht. Bist du allein mit ihr?

Nicht immer, aber meistens.

Habe ich mir gedacht, dass sie einen Kerl hat. Na ja, ich wäre ohnehin zu alt für sie.

Ich war mir nicht sicher, ob er meinte, was ich dachte.

Und du mach weiter, noch geht es ein bisschen holprig, aber du wirst sehen, je öfter du liest, desto schneller bringst du alles zusammen. Dieses Buch ist nichts für dich, es ist ein Buch über Bücher. Aber das hier, das wäre etwas für dich.

Danke! Ich nahm das Buch, das eher ein Büchlein war, und steckte es in meine Jacke. Rabeia hatte offensichtlich nicht bemerkt, dass ich wieder bei dem Mann mit den Büchern gewesen war.

Ich hatte das kleine Buch dreimal gelesen, zweimal vor dem Frühstück in meinem Zimmer und noch einmal kurz bevor ich hinunter zum Abendessen ging, so dass ich es auswendig kannte.

Weder Rabeia noch Jonas sprachen von dem Geheimnis. Ich hatte mein Kleid an, nicht mein Hosenkleid, sondern ein neues, und meine Haare nicht zum Zopf geflochten, sondern ließ sie sich ringeln. Das gelesene Buch nahm ich mit nach unten. Ich war hungrig auf Essen und hungrig auf das Geheimnis.

Es gab Kartoffelpüree mit gerösteten Zwiebeln, Selleriesalat, danach einen Apfelstrudel. Rabeia und Jonas tranken Wein, ich Johannisbeersaft.

Und jetzt? Ich nahm das kleine Buch, auf dem ich saß, legte es neben mich. Jonas warf einen Blick darauf, holte ein großes, mit einer Schreibmaschine beschriebenes Blatt unter dem Tischset hervor und meinte: Lies das Geheimnis!

Als ich nicht gleich verstand, was er damit sagen wollte, meinte er: zwei Fliegen auf einen Schlag.

In meinem Kopf änderte sich alles. Ich nahm das Blatt, fuhr mit dem Finger über ein paar Zeilen mit Wörtern, die mir bekannt vorkamen, aber das war es nicht. Mit einem Schlag wusste ich, was auf diesem Blatt geschrieben stand. Nämlich dass Käfer im Gegensatz zu Menschen vier Leben mit völlig verschiedenen Stadien durchleben. Dass sie aus Eiern schlüpfen, dann zu Larven werden, sich als Larven auch mehrfach häuten können, sich dann verpuppen, was Tage, Monate, sogar Jahre dauern kann, bis sie nach einem Organumbau, einer Metamorphose, richtige Käfer werden.

Nachdem Rabeia und Jonas sich lange nickend in die Augen gesehen hatten, erfuhr ich auch, dass es bei den Insekten auf dieser Erde unendlich viele verschiedene Gattungen, Arten und Familien gebe, aber auch, dass es sie seit Millionen von Jahren gebe.

Da ich noch so jung war, war kein Platz mehr in meinem Kopf, um das alles zu verstehen. Ich war knapp davor, in Ohnmacht zu fallen, da sprang Silberschwanz auf meinen Schoß und fing an, mit seiner rauen Zunge mein Gesicht zu lecken.

Rabeia stand auf und kam mit einem Glas Wasser zurück. Nimm es nicht so tragisch. Du wirst dich schon langsam an die, die du werden sollst, gewöhnen.

Jonas saß noch immer da, ohne sich zu bewegen. Also doch, flüsterte er.

Rabeia meinte: Ich habe es schon immer gewusst, gewusst, gewusst! Schon seit mein Kleiner ins Jenseits lief, weil ihm diese Welt als zu bedrohlich erschien. Schon als ich mich das erste Mal ins Zimmer der Frühgeburten schlich, hatte ich das Gefühl, dass sie eine Labeia sein würde.

Ich streichelte Silberschwanz, der zu schnurren angefangen hatte, während er es sich auf meinem Schoß gemütlich machte. Mir liefen die Tränen übers Gesicht: Ich möchte wissen, was mit mir geschieht.

Liebe, sagte Rabeia mehrmals, streckte ihren Arm aus, um meine Hand zu erreichen. Als weder sie noch Jonas mehr etwas sagen wollten, fing ich wieder zu weinen an. Da nahm Jonas meine andere Hand: Weine nicht, ich kann dir sagen, wer du bist und wer du sein wirst. Ungefähr alle tausend Jahre kommen ein paar Mädchen und ein paar Burschen auf die Welt, die in der Lage sind, das heißt, in diese Lage kommen, sich mit Insekten zu verständigen. Da Insekten so viel älter sind als wir, sind sie in manchem besser ausgestattet. Sie können sich viel raffinierter miteinander austauschen als wir. Sie können in andere Gehirne eindringen, indem sie, was sie sagen wollen, einfach übertragen, nicht mit Sprache, sondern mit Gefühlen. Nicht alle Menschen können dabei erreicht werden. Es sind jene, die zufällig mit Empfang ausgestattet sind. Die sind so selten wie Zwillinge, die zusammengewachsen auf die Welt kommen, oder Ziegen mit zwei Köpfen, Menschen, die auf ihrem ganzen Körper wie Tiere behaart sind, um nur einige Beispiele zu nennen.

Du gehörst zu denen, die Empfang haben. Es gibt diese Art von Empfang, seit es Menschen gibt, aber niemand weiß, wen es wirklich betreffen wird, das heißt, für wen dieser Empfang gelten wird. Selbst die Erde hat sich nicht immer im vollkommen gleichen Rhythmus gedreht, auch nicht im Kreis, sondern in Ellipsen, die immer kleine Schlenker haben.

Es ist gut, dass du Empfang hast, aber noch bist du ein Kind, musst vieles lernen, wenn du dieses Geschenk des Lebens annehmen und gebrauchen willst. Glaub nicht, dass es leicht sein wird. Als ausgewachsener Mensch hast du die Möglichkeit zu helfen, denen zu helfen, die immer weniger werden. Wer du jetzt bist? Ein Kind mit einer Begabung und mit Zuneigung zu Käfern. Je älter du wirst, desto besser lernst du Menschen und Käfer verstehen.

Lass dir Zeit, sprich mit niemandem darüber, lerne, was es in der Schule zu lernen gibt, und merk dir, was du empfängst, damit du weißt, was geschieht.

Ich bin müde, sagte ich.

Rabeia stand auf, Silberschwanz wollte hinaus. Rabeia nahm mich hoch wie früher, wenn ich bei Tisch eingeschlafen war. Sie zog mir das Kleid aus, steckte mich unter die Decke, küsste mich auf die Stirn. Schlaf gut und schlaf lang, über die Schule reden wir noch, es eilt nicht.

Die Träume nahmen kein Ende. Als ich dann morgens aufwachte, hatte ich das Gefühl, mindestens drei Tage geschlafen zu haben.

Rabeia und Jonas saßen schon bei Tisch, aßen Weißbrot und weiche Eier.

Willst du auch eines? Ich nickte. Rabeia ging in die Küche, Jonas tat einen Blick in die Zeitung.

Auf einmal sagte er: Wir haben dein Blatt ganz vergessen. Kannst du es wirklich lesen?

Ich nahm das Blatt, das neben seiner Serviette lag, nahm es auf, begann zu lesen. Ziemlich schnell, ich konnte es ja beinahe auswendig.

Jonas riss die Augen auf, lehnte sich so nahe an mich, dass er mitlesen konnte, bis zum Ende.

Alle Achtung! Wie hast du das hingekriegt?

Mit Augen und Ohren, mit Fragen und Bohren.

Rabeia kam mit dem Ei und lobte mich: Sie hat angefangen, mit anderen Leuten zu reden, vor allem auf dem Markt.

Gut so, sagte Jonas. Wollen wir wieder Schlitten fahren? Das Wetter ist danach. Ich nickte und aß.

Kein Wort mehr über Käfer, über Empfang, erwachsen werden oder Schule. Vielleicht hatte ich doch geträumt.

Dieser Winter machte mich zur Leserin. Die Käfer, die überwinterten, schliefen in ihren Verstecken. Die in den kleinen Schachteln hatte ich in den Keller getragen, damit sie die richtige Temperatur hatten.

Wann immer ich mit Rabeia zum Markt fuhr, huschte ich, wenn sie mit jemandem länger sprach, zu dem Mann mit der grünen Kappe und dem Bücherkorb.

Schon wieder ausgelesen? Ich nickte, gab ihm ein paar von den Keksen, die Rabeia gebacken hatte. Ich hatte diesmal nur ganz wenige gegessen und die restlichen in ein sauberes Taschentuch gepackt. Ich drückte sie ihm in die Hand.

Köstlich! Hast du sie gebacken?

Ich bewegte den Kopf zwischen Nicken und leicht Schütteln.

Darf ich?

Klar!

Wenn du willst, sag mir, was du am liebsten lesen möchtest. Ich habe noch ganze Körbe voller Bücher im Keller, die niemand haben will.

Ich überlegte angestrengt, wollte die Chance nicht verpassen, fürchtete aber auch, er würde mich auslachen.

Schon drehte er den Kopf, um etwas anderes zu tun.

Über Käfer, sagte ich.

Käfer, bist du sicher?

Ja, ich kenne schon welche, die mir sehr gefallen haben.

Interessant. Auch mein Sohn wollte Bücher über Käfer haben, aber dann ist er nach Amerika verschwunden, ohne die Bücher.

Was macht er dort?

Viel Geld, damit er sich die ganze Welt anschauen kann.

Wann kommt er wieder?

Keine Ahnung. Er ist seit Jahren unterwegs.

Wird er die Bücher dann wieder haben wollen?

Glaube ich nicht, nicht mehr.

Es klang, als hätte er seinen Sohn aufgegeben. Ich wühlte ein wenig in dem Korb, nahm dann ein Buch über Äpfel heraus.

Man glaubt gar nicht, dass es so viele verschiedene Äpfel gibt und man so viel mit ihnen machen kann, meinte er. Und setzte fort: Ich werde die Käferbücher aus dem Keller holen, dann kannst du, wenn du wiederkommst, aussuchen, welche du lesen möchtest.

Danke! Ich war in Eile und lief mit dem Apfelbuch zu Rabeia, die bereits auf mich wartete: Warst du schon wieder bei dem Mann mit dem Bücherkorb?

Ich klopfte auf das Buch, das ich unter der Jacke trug: Über Äpfel, sagte ich, und was man mit ihnen machen kann.

Rabeia schüttelte den Kopf, ohne etwas zu sagen. Sie deutete mir nur, dass ich die Sachen, die sie wieder nach Hause nehmen wollte, einpacken solle.

Jonas hatte mir den Schlitten geschenkt. Soweit ich mich erinnere, habe ich den Winter damit verbracht, Schlitten zu fahren und mehr über Käfer zu lernen. Als die Sonne vom wolkenlosen Himmel schien, war der Schnee von einer Decke mit Kristallen überzogen worden, die ich als vereiste Schneeflocken sah. Noch brachte die Sonne sie nicht zum Schmelzen. Ich stieg mit dem Schlitten auf dem größeren Hügel immer höher und hörte beim Runterfahren das Zerknacken der Eiskristalle.

Es waren auch andere Kinder da, aber ich hatte nicht den Mut, mich zu ihnen zu gesellen. Einmal schoss einer der Jungen so rasch an mir vorbei, dass ich wegen der Luftwirbel, die dabei entstanden, umkippte. Ich setzte mich sofort wieder auf den Schlitten, versuchte, auf der Spur des Jungen schneller zu fahren. Als ich unten ankam, merkte ich, dass er auf mich gewartet hatte.

Soll ich dir zeigen, wie es geht?

Ich wusste nicht, was ich sagen sollte.

Komm, gehen wir noch einmal hinauf. Wenn wir oben sind, sage ich dir genau, wie man es machen muss.

Als ich noch immer nichts sagte, nahm er mich an der Hand.

Wir müssen uns beeilen, die Sonne geht bald unter.

Ich sagte noch immer nichts, aber ich ließ mich von ihm mitziehen.

Als wir wieder oben waren, setzte er sich auf seinen Schlitten, zeigte mir, wie ich mich nach hinten lehnen sollte, damit mein Gewicht sich verteilen konnte.

Vergiss nicht, die Schnur festzuhalten, und bleib auf meiner Spur.

Ich sah, wie er sich zurücklehnte, so sehr, dass er beinahe auf dem Rücken lag. Ich versuchte, es ebenso zu machen, konnte ihn aber nicht einholen.

Siehst du, wie man schneller fahren kann? Ich nickte. Er schaute zum Himmel hinauf. Wir können es noch einmal machen, noch ist es hell genug.

Ich hatte Feuer gefangen, fing sofort an, hinaufzustapfen. Als wir wieder oben waren, sagte er: Lehn dich noch ein wenig mehr nach hinten! Er setzte sich auf seinen Schlitten, ich mich auf meinen. Auch dieses Mal konnte ich ihn nicht ganz einholen, aber ich war bereits so knapp an ihm dran, dass ich unten war, bevor er noch aufgestanden war. Ich musste sogar bremsen, damit ich ihn nicht anstieß. Die Sonne war tatsächlich im Untergehen.

Wo wohnst du?

Ich deutete mit der Hand in meine Richtung.

Ich auch. Komm, wir gehen, dann können wir noch miteinander reden.

Ich wusste nicht, was ich mit ihm reden sollte.

Also fing er an. Gehst du in die Schule?

Noch nicht.

Ich auch nicht, aber in diesem Jahr komme ich dran. Und du?

Ich zuckte mit den Achseln: Weiß nicht.

Ich bestimmt! Mir ist langweilig, schon seit langem. Immer nur zu Hause, immer nur dasselbe. Mein Bruder ist schon in der dritten Klasse, kann lesen, schreiben, Radfahren, Handballspielen, und was kann ich?

Lesen und schreiben, das kann ich auch.

Er blieb stehen: Wie das?

Damit mir nicht langweilig wird.

Lügst du? Oder willst du mich ärgern?

Nein, aber so kann ich mir die Bücher aussuchen.

Er zog die Brauen zusammen. Ich muss hier lang. Vielleicht sehen wir uns wieder beim Schlittenfahren.

Ich nickte, ging in die andere Richtung. Mir fiel auf, dass wir einander unsere Namen nicht gesagt hatten.

Es kam immer öfter vor, dass ich aufwachte und etwas wusste, was ich zuvor nicht gewusst hatte.

Es war April, manche meiner Käfer fingen an, sich zu bewegen. Ich holte sie aus den Schachteln, ließ sie frei. Sie waren hungrig, suchten nach Weibchen, die ihre Eier an den verschiedensten Orten ablegen wollten. Je nach Gattungen, Arten, Familien.

Ich fing an, mich in die Käfer hineinzudenken, schließlich sei das meine Aufgabe, so viel hatte ich mir gemerkt. Mich mit ihnen zu verständigen, bedeutete ja auch, dass ich sie nicht nur kennenlernen, sondern ihnen auch beistehen sollte, wenn die Menschen wieder einmal einen Teil ihres Lebensraums zerstören wollten. Ich sei auch für sie auf der Welt und müsse mir daher eine käferartige Seite aneignen. Aber wie?

Doch dann begegnete ich endlich Lebia. Ich erkannte den Prunkkäfer, dessen Namen ich trug, an seinen Farben, einem saftigen Grün, roten Beinen, einem rotgoldenen Schild. Ich entdeckte ihn am Waldrand auf einem Strauch, wo er Blattläuse schlürfte.

Ich näherte mich, versuchte, ihn auf die Hand zu nehmen. Er sträubte sich anfangs, schluckte noch einige Läuse, bis er auf meine Hand kletterte. Ich fand ihn so schön, dass ich nur noch staunte. Von meiner Hand kletterte er auf meine Schulter, er wusste anscheinend, wer ich bin. Lebia, Lebia, Lebia, lief es durch meinen Kopf. Ich spürte, wie es mir Freude machte, zugleich empfing ich auch die hilfreiche Botschaft, dass ich noch zu klein wäre, um in die Vorhaben von Käfergattungen einzugreifen. Das hieß: lernen, lernen und wieder lernen.

Ich war sprachlos, wollte verstehen, kam aber nicht damit zurecht. Ich hörte, wie Lebia ganz leise zirpte, so leise, dass ich es nur direkt an meinem Ohr hören konnte. Was soll ich jetzt tun? Ich erschrak über meine eigene Stimme. Für kurze Zeit war es ganz ruhig in meinem Kopf. Dann erklang so etwas wie ein zirpendes Lachen.

Ich begann zu verstehen, dass man mir bei dem, was kommen würde, beistehen würde, wenn ich es bräuchte. Auch war ein Wort wie Wissenschaftlerin in meinem Kopf, das hieß, ich müsste mich ausbilden lassen, um alles besser zu verstehen.

Es begann dunkel zu werden. Mit Lebia auf der Schulter ging ich nicht so schnell wie sonst. Kurz vor der Türe bewegte sich Lebia, entfaltete seine Flügel und flog in Richtung Waldrand davon. Ich hoffte, ihn bald wiederzusehen.

Ich hatte zu singen begonnen. Als Rabeia mich hörte, kam sie mir entgegen. Ich habe Lebia getroffen, sang ich mehr, als ich sprach. Er ist so schön, hoffentlich kommt er bald wieder.

Wie hast du ihn erkannt?

An der Zeichnung, die du einmal für mich gemacht hast.

Sieht er in Wirklichkeit auch so aus, wie ich ihn gezeichnet habe?

Beinahe, nur verändern sich Käfer immer ein bisschen, wenn sie in ein neues Leben gehen.

Wie ich sehe, lernst du, aber glaube nicht, dass damit alles getan ist. Auch du wirst dich immer wieder ändern, von Jahr zu Jahr, von Ort zu Ort, von Empfang zu Empfang.

Jonas ging mit mir zum Teich hinunter. Er wollte sehen, ob es bereits frisch geschlüpfte Fische gab. Ich hatte meine Lupe und die Stiefel dabei. Es war der Frühlingswind, der meine Haare und das Wasser zauste.

Pass auf, dass du die Stiefel nicht unter Wasser trägst. Jason ging den Steg entlang und schaute nach Fischen. Am Steg hingen im Sommer kleine Boote, aber noch war es nicht soweit.

Ich stapfte durch das Wasser, da und dort beugte ich mich hinunter und sah durch die Lupe. Es gab vereinzelt fingerlange Pfrillen mit roten und grünen Streifen an den Seiten. Sie schossen durchs Wasser, so schnell, dass ich sie durch die Lupe kaum sehen konnte.

Zwei Schüler, denen ich schon einmal begegnet war, trugen je eine leere Flasche mit einer dicken Schnur, die sie um die dünne Wölbung des Flaschenhalses gebunden hatten. Der Flaschenboden hatte ein großes Loch mit einer nach innen gestülpten, schmaler werdenden Tülle. Sobald ein paar Pfrillen durch das Loch in die Flasche geschwommen waren und nicht mehr herausfanden, drehten sie die Flasche um, schüttelten die Pfrillen samt Wasser durch den Flaschenhals in ein Einmachglas. Die Schüler waren so damit beschäftigt, dass ich nicht zu ihnen wollte, sondern an der anderen Seite des Teichs weiterging, bis ich zu dem Schilf, das zu sprießen begonnen hatte, kam. Noch konnte man durch die Stängel gehen. Als ich gerade noch durch das Schilf waten konnte, ohne dass Wasser hineinrann, sah ich einen ziemlich großen Wasserkäfer, der an Algen saugte. Ich beugte mich langsam zu ihm hin, versuchte es mit der Lupe. Er wurde größer und größer, und als er sich zu mir hindrehte, mich aus seinen großen Augen anstarrte, fiel mir beinahe die Lupe ins Wasser.

Ich hatte Jonas nicht kommen hören, erschrak natürlich, als er mich fragte, was ich so Besonderes gefunden hätte. Ich schnappte nach Luft, gleich darauf wusste ich, wie der Käfer hieß: Ein Kolbenwasserkäfer, der nicht aufhörte zu schmatzen, wahrscheinlich hat er schon lange nichts gefressen, was ihm geschmeckt hätte.

Jonas nahm mir die Lupe aus der Hand, hielt sie über den Käfer, dem das aber nicht passte. Er schluckte, was er in den Kiefern hatte, drehte sich um und schwamm davon.

Wenn mich nicht alles täuscht, ist das der Käfer, dessen Larven gerne Wasserschnecken fressen.

Wir hatten schon lang nicht mehr über Larven gesprochen.

Larven leben nur, um zu fressen, und haben es auch auf Schnecken abgesehen. Sie schlüpfen mit dem Kopf in das Schneckenhaus, spucken etwas Magensaft auf sie und fressen sie dann.

Ich verzog das Gesicht, presste sie Lippen zusammen.

Schnecken gelten auch bei Menschen als Delikatesse.

Isst du auch welche?

Sie schmecken mir, aber ich esse sie nur selten. Den Larven schmecken sie hervorragend. Manche fressen und häuten sich mehrmals, werden dabei immer größer, ähneln ihren Käfern immer mehr, bis sie diese Käfer sind. Andere Larven fressen so lange, bis sie sich verpuppen können und danach Imagines werden.

Ich nahm mir vor, Lebia zu suchen und zu fragen, ob das mit den Larven stimmte.

Alle Käfer waren ursprünglich Larven, die immer anders gezeichnet sind. Sie haben mehrere Leben: als Ei, als Puppe oder als Imago. Als Käfer leben sie dann am kürzesten.

Warum eigentlich?

Wüsste ich es, könnte ich es dir erklären. Du musst die Käfer selbst fragen. Die Käfer haben sich zu Käfern gemacht, wie Menschen sich zu Menschen gemacht haben.

In dieser Nacht träumte ich, dass ich, so klein wie Lebia und mit ihm zu einem Fest eingeladen wäre. Ein Fest, bei dem getanzt wurde, nicht nur im Wald, sondern auch im Wasser. Die im Wasser tanzten, also genaugenommen: ein wenig über dem Wasser, rauschten mit den Flügeln, sobald sie hungrig wurden. Sie holten sich die Larven anderer Käfer aus dem Teich und ließen sie sich schmecken. Ich befand mich zwischen ihnen allen, versuchte aber trotzdem, in Lebias Nähe zu bleiben

Keine Angst, sagte er, du gehörst zu denen, die es nur alle tausend Jahre gibt. Du musst lernen, nicht nur mit deiner Menschenseite, sondern auch mit deiner Käferseite erwachsen zu werden. Die Zeit lässt sich ihren Rhythmus nicht nehmen. Klein zu sein hat viele Vorteile. Man braucht weniger Energie und kann mit seinen Kräften haushalten. Auch wir waren einst wesentlich größer. Doch als das mit den Sauriern passierte, fanden wir es klüger, zu schrumpfen und uns nicht wie die Säugetiere samt Menschen dermaßen aufzuplustern, dass es wieder so kommen könnte wie vor vielen Millionen von Jahren. Eine lange Zeit ging das gut, was wir vorgeschlagen hatten. Doch dann machten die Menschen es den Sauriern nach, wurden größer und größer, nicht ganz so groß wie die Saurier, dafür aber intelligenter, gieriger, mächtiger. Mit einem Wort gewitzter. Was ich darunter verstehe? Sie waren klug genug, alle unsere Strategien zu übernehmen und weiterzuentwickeln. Doch statt an die

Welt zu denken, brauchten sie von allem immer mehr, ohne die Vielfalt der Gattungen, Arten und Familien zu schätzen. Bei ihnen will jeder der König sein, dessen Reich das größte ist.

Und die Käfer?, träumte ich in meinem Bett liegend.

War es Lebia, der tiefschwarze Kolbenwasserkäfer, oder tatsächlich ein Traum, der mich lange nachdenken ließ? Merkwürdig, dass ich mich im Traum tatsächlich winzig fühlte, dermaßen klein, dass mein Körper ganz leicht war, als könne er fliegen, und ich tanzen konnte, ohne auch nur einen Fuß hochziehen zu müssen. Es war, als hätte ich kein Gewicht, nur hauchdünne Flügel.

Ich wachte auf und hatte Zahnweh. Es war der erste von den ersten, der wackelte. Ich nahm eine Schnur, band sie um den wackelnden Zahn und das andere Ende um die Schnalle der Balkontüre, ging hinaus und schlug die Türe zu, so dass dieser Zahn an der Schnur baumelte.

Als ich zum Frühstück hinunterging, zeigte ich Rabeia den Zahn. Sie nahm ihn, legte ihn in eine kleine Dose, in die auch meine anderen ersten Zähne kommen würden. Dann holte sie einen ihrer vielen Teebeutel, ließ mich daran riechen, meinte, dieser Tee würde sogleich das Loch, das der Zahn hinterlassen habe, schließen, und den darunter befindlichen nach oben schieben. Essen sollte ich erst dann, wenn auch das letzte Tröpfchen Blut verschluckt wäre.

Es war Anfang Mai, ich ging, wie so oft, zum umgekrachten Kiefernstamm, dessen Rinde sich immer mehr krümmte, desto seltener es regnete. Auch schob ich immer öfter den Finger darunter und sah dabei allerlei flüchtende Kleinsttiere. Die Sonne schien ziemlich stark, sogar leuchtend. Ich schloss die Augen, legte mich hin, ohne an meine Sommersprossen zu denken.

Keine Ahnung, wie lange ich gedöst hatte. Auf einmal war da das Gefühl, auf meinem Körper geschehe etwas. Es zwickte und stickte, kratzte und schmatzte. Als ich mich aufsetzte, sah ich eine Menge Larven, die auf meine Arme und Beine, ja sogar in meine Bluse kletterten, vom Kragen bis hinunter zum Nabel.

Igitt! Ich schrie und versuchte all diese Raupengesichter abzubeuteln. Zum Glück kam mir Acht-Punkt-Blau, den ich schon länger nicht mehr gesehen hatte, zu Hilfe. Er flog auf die Larven zu, brummte, dass man es hören konnte, biss, was er mit seinen Mandibeln erwischen konnte. Acht-Punkt-Blau ließ mich wissen, dass es nicht seine Larven wären.

Seine Larven würden sich schämen, so etwas zu tun. Aber es gebe bei so vielen Gattungen, Arten und Familien auch bösartige, wie bei Menschen eben auch. Die würden sogar häufig Bäume fällen, sie sofort entrinden, diese Rinden wegtragen, so dass andere Larven nicht genug Futter für ihre Entwicklung bekämen.

Ich versuchte mit Acht-Punkt-Blau zu sprechen, ihm zu sagen, dass es noch genug Nahrung für alle Larven und die anderen Käfer gäbe. Ich weiß nicht, ob er mich verstanden hat, jedenfalls kam er ganz nahe an mich heran, kletterte auf meinen Schoß, wo er noch eine der Larven fand und sie sich sofort einverleibte.

Danke! Ich beugte meinen Kopf ein wenig nach unten: Ich werde es mir merken, Acht-Punkt-Blau.

Eine Geschichte, an die ich mich ungern erinnere, hat mit der Schule zu tun. Rabeia hatte nichts übrig für die Schule. Lebia wird auch so alles lernen, was für sie wichtig ist. Hat sie doch bis jetzt auch gemacht. Sie weiß mehr, als sie in ihrem Alter wissen muss.

Jonas war anderer Meinung: Kinder müssen mit anderen Kindern zusammenkommen, damit sie die Welt verstehen. Lebia gehört trotz allem auch zu den Menschen. Wenn sie die Welt verändern will, wie das diejenigen, die nur alle tausend Jahre auf die Welt kommen, tun, dann müssen sie wissen, wer und was verändert werden soll.

Ich hatte Rabeia und Jonas schon öfter darüber reden und gegenreden gehört, ohne dass sie mich einbezogen hätten. Eines Tages, als sie wieder diskutierten, fragte ich sie, warum sie mich nicht dazunähmen? Sie schauten erst mich, dann einander an.

Weil wir das Beste für dich wollen, sagte Rabeia. Jonas meinte: weil du die Welt so früh wie möglich kennenlernen sollst.

Ich zog den Rotz auf: Ich kann doch erst sagen, ob ich in die Schule gehen will, wenn ich in dieser Schule war.

Genau das meine ich. Jonas tat, als hätte er gesiegt.

Und wenn ich merke, dass diese Schule nichts für mich ist, will ich nicht in diese Schule gehen. Rabeia lächelte: Du wirst schon sehen.

Der Herbst war schöner als der Sommer. Ich ging mit Herzklopfen und einer Umhängtasche an Rabeias Hand zum ersten Mal dorthin, wo ich lernen sollte, was ich noch nicht wusste.

Eine Lehrerin las unsere Namen von einer Liste ab. Jede oder jeder von uns musste aufstehen, wenn ihr Name genannt wurde, damit sie sich die Gesichter merkte. Als ich dran war, schien die Lehrerin ein wenig verblüfft. Dann sagte sie: Diesen Namen habe ich noch nie gehört. Woher kommt er? Ich wurde beinahe so rot wie meine Haare. Von einem Käfer, sagte ich.

Einem Käfer? Die Kinder fingen an zu lachen. Ein grünblauer Prunkkäfer mit goldenem Schild, langen Fühlern und roten Beinen. Und um noch Gutes von ihm zu sagen, er frisst auch Blattläuse.

Die Lehrerin schüttelte den Kopf: Was du alles weißt. Die Kinder kicherten noch immer.

Wir waren fünfzehn in dieser ersten Klasse. Als alle Namen genannt waren, erklärte man uns, was wir beim nächsten Mal mitbringen sollen. Hefte, Stifte und Kastanien, aus denen man etwas basteln konnte.

Beim Weggehen klopfte jemand auf meinen Rücken. Ich drehte mich um, es war der Junge vom Schlittenfahren. Ich hatte wohl woanders hingeschaut, als er an der Reihe gewesen war. Ich heiße Pankraz, sagte er. Deinen Namen habe ich nicht gekannt.

Jetzt kennst du ihn, sagte ich. Er lachte und begleitete mich beinahe bis zu unserem Haus.

In diesem Winter lerne ich Schifahren, da wirst du staunen, sagte er. Ich fange schon an, die Schi zu wachseln, damit ich schneller fahren kann.

Es war erst September und der Schnee noch weit weg.

Kannst du schwimmen?, fragte ich.

Klar. Dort unten am Teich habe ich angefangen. Und du?

Ich würde es gerne können.

Ich zeige es dir, komm am Nachmittag zum Steg.

Wie war es?, fragte Rabeia.

Da war nicht viel. Wir mussten unsere Namen sagen. Morgen sollen wir Hefte, Stifte und Kastanien mitbringen.

Hefte und Stifte habe ich für dich genug, die Kastanien kannst du selber sammeln.

Nach dem Essen nahm ich ein kurzes Leibchen, eine schwarze kurze Hose und einen Beutel für die Kastanien mit.

Pankraz saß schon auf dem Steg, plantschte mit den Füßen im Wasser.

Als er hineinhüpfte, ging ihm das Wasser bis zum Hals: So musst du es machen. Er breitete seine Arme aus, um damit rudern zu können.

Während ich zuschaute, schien ein Käfer unter dem Steg herumzuschwimmen. Ich griff langsam nach ihm, doch er machte mit seinen Ruderbeinen die Tempi noch viel eleganter als Pankraz. Plötzlich wusste ich, dass es der Gaukler war, der am Rand seines breiten Körpers gelbe Streifen und an seinen Hinterbeinen, an den sogenannten Schienen, zarte Borsten hatte.

Komm runter!, rief Pankraz.

Ich schaute noch einmal dem Gaukler zu, wie geschickt er mit seinen Beinen ruderte, dann ließ ich mich runterfallen. Die ersten paar Sekunden lähmten mich, dann aber fing ich auch zu rudern an, mit Händen und Füßen. Noch ein wenig tapsig, aber ohne unterzugehen.

Pankraz drehte sich nach mir um, war erstaunt, wie schnell ich es lernte.

Traust du dich ins tiefere Wasser?

Der Gaukler kam unter mein Kinn, ich nickte. Mit einem seiner Beine winkte er mir kurz zu, verschwand dann aber unter dem Steg.

Pankraz schwamm ein paar Meter weiter. Ich strengte mich an, um ihm nachzukommen. Ich war ans Schwimmen nicht gewöhnt, also rief ich ihm nach einer Weile zu, ich sei jetzt erschöpft.

Er lachte: Für den Anfang warst du ganz gut.

Ich lag schon am Steg in der Sonne, als er heraufkletterte: Ist noch ziemlich warm, das Wasser. Wenn wir noch ein paar Male schwimmen gehen, kannst du es genauso gut wie ich.

Er legte sich neben mich. Plötzlich richtete er sich auf: Oder hast du mich angelogen?

Wieso angelogen?

Du hast so rasch schwimmen gelernt, dass ich es gar nicht glauben kann, wenn ich darüber nachdenke.

Ich wusste nicht gleich, was ich sagen sollte, aber dann wollte ich die Wahrheit sagen. Der Gaukler hat mir geholfen.

Gaukler? Wer ist ein Gaukler?

Ein Wasserkäfer. Er hat es mir vorgemacht, so oft, bis ich es ihm nachmachen konnte.

Pankraz blieb der Mund offen: Ein Käfer soll dir das Schwimmen beigebracht haben?

Du auch, aber dich habe ich nur von hinten gesehen, während der Gaukler vor mir schwamm.

Pankraz legte sich wieder hin: Den zeigst zu mir.

Jetzt ist er wohl schon weg. Aber wenn wir wieder zum Schwimmen kommen, kann ich ihn dir wahrscheinlich zeigen.

Er setzte sich wieder auf: Stimmt es, dass deine Mutter eine Hexe ist?

Meine Mutter gibt es nicht, antwortete ich. Sie ist nach meiner Geburt verschwunden. Keiner weiß, wer sie war. Rabeia hat mich aufgenommen. Das mit der Hexe kenne ich schon, auf dem Markt sagen alle Hexe zu ihr, weil sie so schöne Sachen zaubern kann. Wenn du einmal zum Markt kommst, kannst du sie sehen. Sie bäckt die besten Kekse in der Gegend, macht auch Kräutertees.

Pankraz sah zum Wasser: Ist das der Gaukler?

Ich beugte mich vor: Ja. Ich legte mich auf den Bauch, versuchte, ihn raufzuholen, aber er war schneller, kletterte bis zu meiner Achsel.

Ist er das? Pankraz kam uns ganz nahe.

Siehst du die gelben Streifen?

Pankraz wollte den Gaukler in die Hand nehmen, doch der spreizte die Flügel und flog davon.

Pankraz schüttelte den Kopf und legte sich wieder hin: Ich glaube es einfach nicht.

Die Schule langweilte mich, während ich zu Hause immer häufiger Botschaften von Käfern empfing. Immer öfter spürte ich Käfer auf, die vor mir keine Angst hatten. Einige kletterten in meine Hand oder bis hinauf zu meiner Schulter. Dabei erfuhr ich viel, auch wenn es mir manchmal schwerfiel, die Käfer gleich richtig zu benennen. Ihre Namen fand ich dann in den Büchern, die mir der Mann mit der grünen Kappe geschenkt hatte. Es waren mehr, als ich gedacht hatte, ich war ihm sehr dankbar dafür. Es erleichterte mich, dass ich Rabeia und Jonas von den Büchern erzählen konnte, auch von dem, was ich spürte, wenn ich bei den Käfern war.

Da ich längst lesen und schreiben konnte und das Rechnen mir leichtfiel, fing ich an, zu zeichnen, wenn die anderen in der Klasse sich mit Buchstaben und Zahlen plagten.

Es gab auch eine Zeichenstunde, doch da sagte die Lehrerin immer genau, was wir zeichnen sollten.

Auch das zweite Jahr war nicht viel anders. Pankraz war der einzige, mit dem ich mich manchmal an Nachmittagen traf, auch wenn er immer wieder glaubte, ich würde lügen. Wir gingen schwimmen, Schlitten- oder Schifahren, je nach Wetter. Hin und wieder zeigte ich ihm etwas im Wald, was er sonst nie gesehen hätte. Vor allem die beiden Hirschkäfer, die ich ihm vorstellte, beeindruckten ihn. Ich erzählte ihm, dass des Hirschkäfers Zunge wie ein Pinsel sei und er mit seinem abgeschabten Kiefer nicht wirklich beißen könnte, das müssten die Weibchen erledigen. Sie täten es mit ihren scharfen Zähnen, indem sie Baumrinden aufrissen und Säfte für ihn aussaugten. Pankraz war etwas enttäuscht, doch die Geweihe der Hirschkäfer bewunderte er weiterhin.

Dass die Larven der Hirschkäfer oft ein paar Jahre brauchten, um sich zu den zehn Zentimetern des ausgewachsenen Käfers hinzuentwickeln, interessierte ihn nicht. Als ich über die vier Leben der Käfer zu sprechen begann, behauptete er wieder, dass ich lüge. So etwas würde es gar nicht geben. Als ich dann auch noch über Eier, Larven, Puppen und Imagines sprach, fing er zu schreien an, ich würde die dümmsten Dinge sagen, um ihn zu ärgern, damit sei Schluss! Er habe keine Lust, sich von mir einen Bären aufbinden zu lassen. In diesem Augenblick sah ich zwei kleine Bären, die aus einer Höhle hervorguckten, aber als sie uns sahen, sofort wieder zurückkrochen.

Die Hexe bist du, rief er, nicht Rabeia, und fing zu laufen an.

Nicht nach dort, rief ich. Von dort kommt die Mutter der kleinen Bären, wir müssen in die andere Richtung. Sie will zuerst ihre Kleinen sehen. Wenn sie die in der Höhle sieht, wird sie nicht wütend sein. Wir dürfen nicht zu schnell laufen, nur ganz normal in die andere Richtung gehen.

Pankraz war wie verrückt, griff nach meinem Arm, zog mich: Lauf doch, wir müssen laufen, laufen, laufen.

Plötzlich hörten wir die Bärin, die sich von der anderen Seite näherte. Ich blieb stehen, während Pankraz noch schneller lief.

Die Bärin hob den Kopf, da begann ich zu singen. Die kleinen Bären kamen aus der Höhle, wollten sehen, wer da singt, auch wenn es kein Vogel war. Die Bärin schaute mich an, schüttelte den Kopf, schickte die Kleinen zurück in die Höhle. Dann fing ich langsam zu gehen an, pfiff dabei auch ein wenig.

Pankraz war nicht mehr zu sehen. Als ich ihn am nächsten Tag in der Schule sah, war er dabei, den anderen zu erzählen, wie er vor einer Bärin davongelaufen wäre, so schnell, dass sie ihn nicht erwischen hätte können.

Ich musste nicht laufen, sagte ich, ich habe ein Lied gesungen. Als er mich sah, wurde sein Gesicht ganz rot: Sie lügt, sie lügt immer, sie ist eine Hexe. Die anderen Kinder machten einen Schritt zurück und sahen mich finster an.

Das war es mit der Schule. Ich fing wieder zu singen an und verschwand.

Du bist jetzt sieben, sagte Jonas. Sieben ist eine wichtige Zahl, eine, die dein Leben ändert. Du weißt vieles, doch noch lange nicht alles. Demnächst wird jemand kommen, um dich weiter zu schulen, was deine Käferseite betrifft.

Rabeia fuhr fort: Hier bist du bereits erwachsen, sehr erwachsen. Man erwartet von dir, dass du als Botschafterin der neuen Zeiten die Gattungen mitsamt ihren vielen Arten und Familien zusammenrufst, um herauszufinden, wie ihr wieder zu mehr Lebensräumen kommen könnt, ohne andere zu vernichten. Als Botschafterin musst du mehrsprachig sein und die Käferkommunikation genauso verstehen wie die menschliche Sprache.

Ich holte tief Atem, lehnte mich zurück. Und wenn ich das alles nicht schaffe?

Das wirst du! Rabeia reichte mir über den Tisch die Hand. Ich weiß, dass deine menschliche Seite noch nicht ausgegoren ist, aber deine Käferseite währt kürzer, auch wenn du erst jetzt richtig anfängst, sie zu nutzen.

Du bist eine der wenigen Botschafter, und du bist geboren worden, weil es eine Verständigung braucht, von Aug zu Auge, von Wesen zu Wesen, von Welt zu Welt, sagte Jonas. Seit es Leben gibt, gibt es aber auch Vernichtung. Die einen fressen die anderen, manche töten einander, wieder andere verkümmern. Die einen werden immer größer, die anderen so klein, dass wir sie mit bloßen Augen kaum mehr sehen können. Die einen werden immer mächtiger, die anderen führen Krieg. Die einen vernichten die Natur, die anderen leben von ihr. So war es von Anfang an, von den vielen Anfängen an, nur das Gleichgewicht gibt es nicht mehr.

Seit Menschen immer mehr wollen, wird die Erde immer¥verstopfter. Die Natur versucht sich zu wehren. Wenn es ihr gelingt, dann wird sie wohl nicht so schnell damit aufhören.

Ein Gefühl, das mich schwindlig machte. Doch kurz darauf fing ich an, dabei sein zu wollen, bei den einen und bei den anderen.

Die Käfer sind seit Millionen von Jahren auf dieser Welt, sie haben sich der Natur eingefügt. Menschen sind noch nicht einmal eine halbe Million Jahre auf dieser Erde und wollen, dass die Natur sich ihnen unterwirft.

Wer wird mich holen?, fragte ich am nächsten Tag.

Ein Forscher und einige der klügsten Käfer dieser Zeit.

Nachdem ich mich am Abend schlafen gelegt hatte, träumte ich zum ersten Mal wieder davon, immer kleiner zu werden. So klein, dass ich zusammen mit Acht-Punkt-Blau auf der umgekrachten Kiefer saß und zuschaute, wie die Larven unter der getrockneten Rinde hervorkletterten. Diesmal, ohne über mich herzufallen.

Am nächsten Tag zog ich mein bestes Hosenkleid an und ließ mir von Rabeia die Haare schneiden. Danach richtete ich alles her, was ich für die Reise brauchte.

Die Geschichte der Plumpschrecken

Sie sind aus ihrer Bleibe verschwunden, in eine andere gezogen. Von einem heißen Sommer in ein entlegenes Haus am Rande eines Waldes, aus dem ein Fluss kommt. Ein verwilderter Garten, in dem so manches blüht, das gestapelte Holz nach Sonne riecht und die Laute der Vögel vom Dach des Hauses kommen. Ansonsten Stille. Vom Krieg beschädigt – noch immer haben sie ein Gefühl des Entkommens.

Niemand kennt sie; der, der sie hergebracht hat, gab ihnen neue Namen. Man sieht sie hin und wieder beim Einkaufen von Lebensmitteln. Ins Dorf gehen sie zu Fuß, meist in der Frühe, wenn der Laden aufgesperrt wird.

Sie spricht, er hält mit dem einen Arm, den er noch hat, die Tasche auf, die sie dann, gefüllt, gemeinsam zurück zum Haus bringen. Sie ist älter, sie bezahlt auch. Als sie schon zur Türe gehen wollen, sagt der Ladeninhaber: Sie haben ein hübsches Kleid an. Sie lächelt, der Lehrling grinst, legt die Semmeln übereinander, bis sie zur Pyramide werden.

Sie gehen entlang der Felder, die gleichmäßig nach oben steigen. Die erste Mahd war schon im Juni, die zweite kommt bald. Weiter unten wächst Mais, dazwischen Rispenhirse, Dinkel, weiter oben Gemüse, Bohnen, Erbsen, Tomaten, danach Obstbäume, bei denen die Wiesen beginnen, von da an sind es nur mehr Wiesen. Woher die Fülle?

Es ist Krieg, wenn auch weiter weg. Die Dörfer fallen zurück in die Selbstverpflegung, vor allem die entlegenen.

Je weiter oben, desto kühler bläst der Wind, wenn er bläst.

Er und sie kennen inzwischen das Dorf und da oben das Haus, in dem sie wohnen, eine Art Versteck.

Ein Fuchs hat Spuren um das Haus hinterlassen. Ed und Tina suchen einen Platz, an dem sie Essensreste ablegen könnten. Wohl am besten unter den Herbstanemonen, die bereits im Juni zu blühen begannen. Deren Blätter sind groß genug, um Schatten zu geben. Anderntags ist alles weg, der Fuchs hat verstanden. Seither füttert ihn Ed vor dem Schlafengehen, er will den Fuchs einmal sehen, wenn er frisst.

Seit sie im Dorf sind, scheint Ed weniger Schmerzen zu haben. Er isst endlich, wie er in seinem Alter essen soll.

Tina und er gehen zum Fluss, das Wasser ist kühl, aber nicht kalt. Hier ist niemand, sagt sie, zieht sich aus, versucht ein wenig zu schwimmen, stößt dabei mit der Schulter gegen einen der großen Steine und flucht. Ed hilft ihr aus dem Wasser, sieht zum ersten Mal die Narbe der Einschussstelle seitlich an der Brust. Der Stein hat eine Rötung auf der anderen Schulterseite hinterlassen.

Tut es weh?

Sie schüttelt den Kopf: Es geht.

Ed taucht nur kurz bis zum Nabel ein, er zieht sein Shirt nicht aus. Er hält sich an dem Stein fest, an den sie gestoßen ist.

Genau genommen, hat der kleine Fluss zu wenig Wasser. Tina weiß, dass sie hier nicht schwimmen kann. Sie hatte eine der Vertiefungen gesehen, wollte sich darin nur ein wenig bewegen, als würde sie schwimmen: Zu blöd, ich hätte es wissen müssen.

Ed spricht noch immer kaum, aber er liest, liest alles, was ER für ihn eingepackt hatte, ahnend, dass Ed öfter lesen als sprechen würde. An den meisten Nachmittagen streunt er durch die Wiesen, nicht nur durch die zum Haus gehörenden, sondern öfter durch die, an die der Wald grenzt.

Wenn sie dann beim gemeinsamen Abendessen vor dem Haus oder in der Veranda sitzen, spricht er gelegentlich von Käfern, die ihm begegnet sind, er kennt sie oder kennt sie nicht. Nie vom Krieg, auch nicht von IHM oder ihrer Mutter.

Manchmal versucht Tina von ihr zu sprechen, wobei sie zunehmend nach Wörtern sucht, um Ed und sich das Erlebte zu erklären. Doch es verstecken sich gerade jene Wörter, die sie bräuchte. Ihr bleibt dann nichts übrig, als zu umschreiben. So wie neulich bei den Libellen, indem sie von einem Insekt sprach, dessen Flügel sowohl nach hinten als auch nach vorne schwirren können. Und das an einem länglichen Körper, der einem Stab ähnelt, und dazu merkwürdig großen Augen. So redete sie.

Sobald sie etwas davon aufschreiben möchte, kommen die Wörter aus ihren Verstecken zurück. Weil das Schreiben länger dauert als das Sprechen?

Als die erste Ringelnatter durch die angelehnte Gartentüre gleitet, erinnert sich Ed an ein Kinderbuch, in dem von einer Schlange erzählt wird, die eine Krone trägt. Morgens stellt man ihr angeblich ein Schälchen mit Milch vor die Türe.

Tina ist skeptisch: Ringelnattern vielleicht, aber wenn es eine Kreuzotter ist?

Ed schüttelt den Kopf: Wer weiß, ob Schlangen Milch überhaupt mögen.

Tage vergehen, Tina holt Wasser aus dem kleinen Bach hinter dem Haus, den es erst weiter unten in den Fluss treibt. Sie gießt Pflanzen, von denen sie glaubt, sie würden Wasser brauchen. Auch hält sie es für ein Glück, wenn verirrte Samen im Garten Wurzeln schlagen und ihre Blüten verschiedene Farben zeigen.

An einem späten Nachmittag steht eine ältere Frau mit einem Korb vor der Gartentüre, deren Klinke lockere Schrauben hat. Zögernd, aber doch, drückt sie das Gatter weiter auf. Sich umschauend, geht sie in Richtung Haus.

Tina hat die Frau noch gar nicht bemerkt, da sie sich gerade mit einer Schaufel plagt, um eine der Wildwüchsigen, die sich viel zu breit machen, samt Wurzeln aus der Erde zu ziehen. Gerade als es ihr gelungen ist, hört sie die Frau sagen: nicht wegschmeißen. Das ist Minze. Gut für den Tee, aber auch zum Würzen.

Tina stützt sich mit den Händen auf den Knien ab, um sich geradezurichten. Die Frau bietet ihr den Arm, obgleich sie kleiner ist als Tina. Als sie einander gegenüberstehen, lächeln sie beide ein wenig unsicher. Die Frau hebt den Korb: Pilze, wie sie frischer nicht sein könnten.

Tina riecht, neigt den Kopf, um das Aroma besser zu spüren.

Sie habe sie gerade dort oben im Wald gefunden. Die Frau öffnet einen Stoffbeutel, in dem gebündelte Kräuter liegen. Als Tina auch an den Kräutern riecht, jedoch keinen Schritt Richtung Haus tut, fragt die Frau, ob sie ein Glas Wasser haben dürfe, ihr Mund fühle sich wie ausgetrocknet an, und geht dann selbst zum Haus hin. Unterwegs dreht sie sich um, sieht, wie ihr Tina mit der kleinen Schaufel in der Hand folgt.

Ich kenne dieses Haus in- und auswendig, sagt die Frau, als sie an der Türe stehen. Es gehörte meiner Tante.

Tina steht jetzt neben der Frau.

Erbschaftsgeschichten. Ein wenig affektiert haucht sie einen Seufzer gen Himmel, greift nach der Haustüre: Ich habe gar nicht gewusst, dass das Haus vermietet ist. Jungen Leuten wie euch gönne ich es. Werdet ihr länger bleiben?

Tina zuckt die Achseln: mal sehen. Es wundert sie, dass die Frau weiß, dass sie, Tina, nicht alleine hier ist. Ed steht schon länger in der Küche, er hat wohl bemerkt, dass sie aus dem Garten hereinkommt. Zeit für Kaffee und Kekse.

Etwas verblüfft merkt er, dass Tina nicht alleine ist.

Wir haben Besuch, Ed. Es klingt fast sarkastisch.

Die Frau geht lächelnd, als würde sie erwartet haben, ihn zu treffen, auf Ed zu, streckt ihm die Hand entgegen: Ich bin Lena, die Pilzsammlerin.

Als Ed ihr nicht die Hand gibt, sich nur leicht verneigt, sieht sie, dass dem jungen Mann ein Arm fehlt. Sie weiß nicht gleich, was sie sagen soll, stellt erst ihren Korb auf den Tisch. Dann schaut sie ihm ins Gesicht: Vom Krieg? Ed bejaht mit einem Nicken.

Kurz darauf kommt Tina mit einem Glas Wasser: Oder doch lieber eine Tasse Kaffee?

Die Frau zwinkert: Wenn es geht?

Ed holt eine weitere Tasse, schenkt Kaffee ein, bietet Zucker an, nimmt ein paar Kekse aus der Verpackung, legt sie in eine kleine Schüssel.

Die kenne ich, wie ich überhaupt alles kenne, was ich hier sehe. Stille. Sie trinken Kaffee, essen von den Keksen.

Nur dass meine Tante sie immer selbst gebacken hat. Geräusche des Zerknackens, dann des Zerbröselns.

Darf ich wissen, wie ihr heißt? So Frau Lena nach dem dritten Keks.

Einander im Blick, sagt sie: Tina! Er neigt den Kopf wie zuvor: Ed!

Frau Lena hat sich offensichtlich mehr erwartet. Da sie selbst nur ihren Rufnamen genannt hat, lässt sie jede weitere Nachfrage bleiben. Kurz darauf fragt sie, ob die Schlafzimmer noch oben seien. Als nicht gleich eine Antwort kommt: Ich würde so gerne wieder einmal hinaufschauen, nach all der Zeit.

Ein weiterer Blickaustausch, dann meint Ed: Geht nicht, das sind jetzt unsere Arbeitszimmer.

Verstehe, auch wenn ich nicht verstehe, was ihr arbeitet. Ich dachte, ihr seid auf Urlaub hier.

Darauf Tina: Schreiben. Überall liegt Papier in Stößen.

Frau Lena zieht den Kopf zurück: Ach so! Sie trinkt den letzten Schluck Kaffee, nimmt den Korb, holt ein paar Pilze heraus: Die werden euch schmecken! Dann lauter: Wir werden uns sicher wiedersehen! Als sie bereits an der Türe steht, winkt sie mit den Fingern: Hier kennt jeder jeden!

Als sie wieder alleine sind, sperrt Ed die Türe zu, schaut durch das Fenster, ob Frau Lena tatsächlich gegangen ist. Tina sammelt die Tassen ein. Was hältst du von den Pilzen? Sie schnuppert intensiv, weder Steinpilze noch Pfifferlinge. Auch Ed riecht: Hm!

Leg sie lieber draußen ab, irgendein Tier wird sie schon fressen. Wenn nicht, haben wir es richtig gemacht.

Noch hält die Hitze an. Von Zeit zu Zeit regnet, ja schüttet es nachts und der kleine Bach geht kurzfristig über, aber genauso schnell rinnt er wieder schmal in den Fluss. Dann sieht man die Fische neben den Steinen.

Kein Fernsehen, keine Zeitungen, ein altes Radio. Ihre Handys sind nicht eingeschaltet.

Tina im Garten, Ed in den Wiesen, manchmal geht er auch durch den Wald, versteckt sich, wenn er Menschen miteinander sprechen hört. Wovon sie leben? ER hat für Monate vorgesorgt. Niemand wird sie an ihren Konten erkennen. Ed wächst der erste Bart, Tina trägt ihr Haar geflochten.

Junge Rehböcke schaffen es immer wieder, durch die Hecke in den Garten einzudringen, knabbern an den Blüten und Büschen. Tina schaut zu, versucht ihnen näher zu kommen. Glaubt sie wirklich, dass sie sie irgendwann streicheln kann?

Zur Not haben Ed und Tina Waffen, vergraben in der Erde. Sollte jemand, ob Mensch, ob Tier, bei ihnen eindringen oder im Winter eine Hungersnot kommen, dann heißt es, Mensch ist Mensch, und Mensch geht vor. Das hat ER immer gesagt, wenn es ums Überleben ging. Noch glauben sie an diese Regel, hoffen gleichzeitig, dass es nicht geschieht.

Ein Tag nach dem anderen, an denen die Krusten zu Narben werden, die Angst, im Krieg ermordet zu werden, nachlässt.

Ich bringe Euch nach all den Grausamkeiten, all der Furcht und dem Schmerz, ins Paradies. Ihr sollt euer eigenes Leben haben, nicht einen von anderen bestimmten Tod. Ihr könnt euch ernähren, lernen, das Leben anderer Wesen kennenlernen und aufmerksam bleiben. Ich selbst bin in der Macht gefangen – lebenslänglich. Lasst Euch nicht blenden, nur so bleibt ihr frei. Ihr kennt meinen Namen nicht mehr, ihr habt eigene. Nützt, was ich euch mitgegeben habe, seid andere als bisher. Die Macht, die das Schicksal in euch gelegt hat, braucht keine Gewalt, dafür Menschenkenntnis, Tiere und Pflanzen. Leben kann nur existieren, wenn man einander wahrnimmt, als das, was man ist, was das Leben einem ermöglicht, was man ihm zutraut. Seit Millionen von Jahren ermöglicht die Natur das Leben, es ist Zeit für uns alle, das zu erkennen, nicht zu zerstören.

ER hat diesen Brief geschrieben, es sind seine Worte, die Ed und Tina in einem Buch gefunden haben, nachdem er sie ins Paradies bringen hat lassen. Darunter stand, dass sie diese Zeilen, nachdem sie sie gelesen hätten, verbrennen sollten. ER müsse zurück in den Krieg, dem er verfallen sei, unwiderruflich. Selbst wenn er wolle, könne er dem Krieg nicht mehr entrinnen, seiner Macht, von der der Krieg einiges an ihn abgegeben habe. Das Einzige, was ER für sie beide noch tun konnte, war, sie aus dem Krieg zu ziehen, heimlich, nachts über die Grenze geschleust, mit gefälschten Pässen und bedrohten Zollbeamten. Ihre Mutter habe, wie sie wüssten, nicht überlebt, der Krieg sei ihr zu nahe gekommen, näher noch als ihnen. *Denkt an sie, aber versucht nicht,*

ihr Grab zu finden, nicht, solange der Krieg wütet. Ich habe
diese Gegend von früher gekannt, wusste von dem Haus, hatte
es bereits gemietet, von jemandem, der jemanden kannte, von
dem ich es dann kaufen konnte und der kurz darauf starb.

Ed und Tina sind seit Wochen im Haus, zur Genesung, wie
es zuerst hieß, dann zur Erholung. Sie waren davongekom-
men, froh, dass sie lebten und ihre Verletzungen verheilten.
Sie wissen, dass sie Glück gehabt haben, ein Glück, wie ihre
Mutter es nicht hatte. Sie trauern um sie, gewöhnen sich
langsam an ihr Nicht-mehr-Dasein.

Angesichts des Krieges, aus dem sie kommen, vermissen
sie lange nichts, bis ihnen auffällt, dass sie öfter ins Dorf
gehen, als sie müssten. Dass sie Ed und Tina heißen, weiß
man jetzt auch im Laden. Als sie wieder einmal einkaufen
gehen, bemerkt Ed eine Reihe von Taschenbüchern, spricht
zum ersten Mal mit dem Verkäufer, fragt ihn, ob er sich die
Bücher anschauen dürfe.

Aber ja! Die hat jemand hier liegen gelassen, der sie nicht
mitnehmen wollte. Sie seien zu schwer und ohnehin nicht
nach seinem Geschmack.

Ed holt sie sich mit der rechten Hand aus dem Regal.
Etwas über Insekten, Käfer, Spinnen, er fragt nach dem Preis.

Diese Bücher können Sie gerne haben, sie sind mir ohnehin im Weg.

Unterwegs fragt Tina, worum es ginge, auch sie hätte bereits alle Bücher im Haus mehrmals gelesen.

Tiere. Es geht um Tiere, vor allem kleine, mit guten Fotos.
Wenigstens was anderes als das, was ich beinahe auswendig
kann.

Kannst sie dir ja ansehen.

Es ist noch immer sehr warm, langsam beginnt das Obst
zu reifen, man kann es schon riechen, vor allem die Pfir-
siche.

Es sind immerhin fünf Bücher, Ed versucht, an der Tragtasche etwas zu rütteln, um ihr zu zeigen, wie viele es sind.

Tina seufzt ohne große Erwartung: Wir haben Zeit, nichts als Zeit.

Kochen, essen, aus der Sonne gehen, den Schatten suchen. Tina am Bach, Ed unter den Bäumen, eines der Bücher in der Hand. Farne, Flechten, Moose. Er sucht sich einen Platz, auf dem er bequem sitzen kann. Als er ihn gefunden hat, probiert er, ob er dort auch liegen kann, und fällt dabei in Schlaf. Die Angst vor seinen Träumen hat abgenommen, manchmal gelingt es ihm, auch ohne Träume zu schlafen. Erwachend hat er noch immer das Gefühl, zwei Arme zu haben. Je nach Tagesverfassung akzeptiert er die Realität sofort oder er dreht sich auf die Seite, legt eine Weile den Kopf auf den verbliebenen Arm, bis er es lächerlich findet, der Wirklichkeit zu trotzen.

Ed hat länger geschlafen als sonst, die Sonne schillert, und die Muster der Baumschatten auf der bemoosten Erde haben sich verändert. Hier zu lesen, lassen die Augen nicht zu, weder mit noch ohne Sonnenbrille. Ed steht auf, hüpft ein wenig, um die vorjährigen Fichtennadeln von sich zu schütteln und die Füße wieder in Schwung zu bringen. Er bückt sich nach seiner Wasserflasche und trinkt sie mit einem Zug leer. Wohin soll er zum Lesen? Ein paar Schritte nach vorne, dann Richtung Wiese, an der Straßenseite steht eine Hütte leer, davor eine Bank, die von der Hütte beschattet wird. Leicht beschattet, so dass die Buchstaben erkennbar bleiben, auch die Bilder, ohne zu blenden.

Als er sich das Buch auf die Knie legen will, rutscht es ihm hinunter, er bückt sich, greift danach, sieht dabei eine Heuschrecke, legt das Buch auf die Bank, kniet nieder, um sie genauer zu betrachten. Eine Schrecke, doch für eine normale Heuschrecke zu breit, besser gesagt, ovalbreit, in einem satten Grün mit einer Art Streifenmuster, rötlichen Beinen, langen Antennen. Muss ein Weibchen sein, mit gebogener Legeröhre zum Eier-Ablegen, ohne Flügel, das heißt, mit einer Andeutung von Flügeln, mit der sie aber nicht mehr fliegen können.

Obgleich es eine Straße ist, an deren Rand mit einem Meter Abstand die Bank steht, ist es doch nur eine Schotterstraße, die kaum befahren wird. Ed nähert sich mit den Fingern, er möchte die schöne Schrecke so weit es geht von der Straße wegbringen. Womöglich kommt jemand mit dem Moped vorbei oder einer von den Bauern, der sich per Fahrrad frische Blätter für seine Kaninchen holt und die Schrecke überfährt.

Sie bleibt da, lässt ihn in ihre Nähe, schaut ihn an, kommt sogar ein paar Zentimeter auf ihn zu. Ed kann es kaum glauben, bietet ihr die Hand, sie steigt auf, wird auch nicht ängstlich, als er sie nach oben hebt, er ist ihr Aufzug sozusagen, setzt sich danach wieder auf die Bank, ohne dass sie abzusteigen versucht.

So geklopft hat sein Herz schon lange nicht mehr. Er schaut die Schrecke an, versucht, sie auf der Hand ein wenig zu drehen, er will sie von allen Seiten sehen, ihre Antennen studieren, die Zeichnung von den Augen bis zu den angedeuteten Flügeln des Streifenmusters samt den weißen Seitenstrichen bewundern, bis hinunter zum Legebohrer, der stark bezahnt ist.

Mit einem Schlag ist für Ed die Welt wieder da, Lebendiges auf seiner Hand, das ihm offensichtlich vertraut, ohne ihn zu kennen, sich weder fürchtet noch versucht, wegzulaufen. Er blickt in ihre Augen, Augen, die sich nicht verdrehen wie die der Menschen, Facettenaugen. Immer ein wenig anders – um keine Möglichkeit auszulassen.

In sich versunken, lehnt Ed sich an, ohne die Schrecke aus den Augen zu verlieren. Was jetzt? Er kann und will sie nicht auf den Boden setzen, zu gefährlich. Soll er sie mitnehmen? Warum nicht, solange sie auf seiner Hand bleibt.

Ach ja, das Buch, in dem er lesen wollte. Etwas schwierig, es mit der Schrecke auf der Hand unter seinen Arm zu klemmen. Langsam, sehr langsam kniet er nieder, versucht, sich mit dem Ellbogen heranzuschieben. Dann wieder aufstehen, ohne sich irgendwie abstützen zu können. Zum Glück ist die Schrecke so leicht, dass sie dem Gleichgewicht nicht in die Quere kommt. Eds Beinmuskeln spannen sich langsam an, die seines Armes ebenso. Als er tatsächlich wieder geradesteht, kommt eine Art leises Pfeifen aus seinem Mund, dann atmet er tief durch.

Alle Achtung! Hört er jemanden sagen, den er nicht kommen gesehen hat. Als er sich ein wenig erschrocken umdreht, fällt ihm das Buch aus dem Arm, nicht aber die Schrecke von der Hand, die er an die Brust zieht, zum Schutz der Schrecke sozusagen.

Der Mann ist nähergekommen, bittet um Verzeihung, hebt das Buch auf, lächelt schuldbewusst. Ich war so beeindruckt von Ihrer Akrobatik, dass ich applaudieren musste.

Ed weiß nicht, was er sagen soll, setzt sich wieder auf die Bank, macht eine Bewegung mit dem Kinn, die bedeuten soll, dass der Unbekannte sich zu ihm setzen kann.

Nochmals pardon, sagt dieser. Darf ich mich vorstellen, mein Name ist Tetti, eigentlich Tettigon, aber alle nennen mich Tetti. Ich gehe oft hier spazieren.

Ed legt die Hand mit der Schrecke in seinen Schoß: Ich wohne hier in der Gegend.

Gegend ist gut, sagt Tetti, sie ist ein Paradies. Ed nickt: Wie man sich Paradiese vorstellt, wenn sonst überall Krieg ist.

Ihr Arm?

Ed nickt. Machen sich doch gut, meine Hand und die grüne Farbe.

Tetti kommt näher: Darf ich? Fährt mit seiner Hand unter die von Ed, hebt sie ein wenig, dreht sie sogar: Wie ich vermutet habe, eine Plumpschrecke, weiblich, ein wenig korpulent, steht ihr aber, etwas träge, wie Sie sehen, zweifellos schön, designt mit kunstvollen Mustern. Wirkt sehr sympathisch.

Ed hebt seine Hand von der Tettis, betrachtet die Schrecke ganz aus der Nähe: Woher wissen Sie das alles. Sind sie Entomologe?

Sozusagen einerseits, andererseits Diplomat. Und Sie, Ed?

Verschollener, Auseinandergefallener, den nur die Neugier am Leben halten kann.

Ich bemerke eine Art von Ähnlichkeit. Wie wäre es mit Duzen?

Ed nickt wieder, sieht, dass die Schrecke sich ein wenig bewegt.

Setz sie auf deine Schulter, vielleicht will sie bei dir bleiben oder dich irgendwohin mitnehmen.

Mitnehmen?

Alles, was lebt auf dieser Erde, will irgendwohin. Vielleicht will sie dir etwas zeigen.

Und warum?

Kann sein, dass sie dich mag. Denk darüber nach!

Ed beginnt, die Schrecke sanft zu berühren. Als sie sich nicht dagegen wehrt, setzt er sie auf seine armlose Schulter. Sie scheint ein wenig verblüfft zu sein, bleibt aber.

Tetti lacht: Siehst du, sie lernt dich kennen. Wer weiß, was sie mit dir vorhat. Bei allen Schrecken mit den langen Antennen haben die Weibchen das Sagen. Die Männchen hingegen sind die Musiker, auch Sänger, die mit ihrer Kunst auftrumpfen. Geschieht meist am Abend. Da kommen sie manchmal in Scharen, soziale Lebewesen mit Freude am Feiern. Wenn du Lust hast, komm einmal, hör es dir an. Sind nicht immer gleich begabt. Kein Wunder bei den immens vielen Arten.

Und wo?

In der Nähe. Du wirst es hören, wenn sie singen.

Ed schaut auf die Uhr: Vielleicht, es würde mich interessieren.

Wohnst du allein hier?

Ed schüttelt andeutungsweise den Kopf: Mit meiner Schwester.

Bring sie mit, wenn du kommst. Musik beglückt die Sinne.

Ed kommt es vor, als hätte Tetti sich ein wenig aufgeplustert.

Wenn du willst, begleite ich dich nach Hause, vergiss dein Buch nicht, für den Anfang sind Bücher angemessen, aber zu verstehen lernt man erst, wenn man erlebt. Erlebt, verlebt, anlebt, ablebt, so vergeht die Zeit, nutzen und benutzen, säumen und versäumen, vorleben und nachleben, sagen und siegen, essen und messen, wagen und plagen, die Liste nimmt kein Ende, also versuch mal, anzufangen.

Als Tina Ed zum Abendessen ruft, sitzt die Schrecke noch immer auf seiner armlosen Schulter. Tina bemerkt sie erst, als sie beide bei Tisch sitzen.

Was soll das denn?

Ed holt die Schrecke zum Tisch herunter. Sie streckt sich ein wenig, macht ein paar Schritte, bleibt bei der Salatschüssel stehen.

Ed grinst: Mein erstes wirkliches Erlebnis, seit wir hier sind. Eine Plumpschrecke, die mich, allem Ansehen nach, irgendwohin bringen will, ich weiß bloß noch nicht, wohin.

Tinas Gesicht zeigt Ratlosigkeit und Neugier. Ed, der Nichtredselige, spricht an diesem Tag mehr als in den bisherigen Wochen seines Hierseins. Und als die Schrecke mit vier Vorderfüßen seinen Tellerrand besteigt, begutachtet, was auf dem Teller liegt, dann aber mit allen sechs Füßen wieder auf dem Tisch steht, meint Ed, er habe das Gefühl, die Schrecke würde etwas von Verschwendung gesagt haben.

Was heißt gesagt? Tina schüttelt den Kopf: Zu hören war sicher nichts.

Als die Schrecke den ganzen Tisch abgegangen ist, dabei auch kurz Tinas Teller beäugt hat, bleibt sie vor Eds Teller stehen, die Augen auf ihn gerichtet. Sie will wahrscheinlich raus, sagt Ed. Egal, ob wir es hören oder spüren, sie will raus.

Tina zuckt mit den Achseln: Wenn du meinst.

Ich meine. Ed lässt die Schrecke auf seine Hand steigen: Ich hoffe, wir sehen uns wieder, sagt er, als er sie am Rande des Gartens absetzt.

Da war ein eher kleiner Mann mit langen weißen Haaren und ein paar grünlichen Streifen darin, obwohl er nicht viel älter sein kann als ich, erzählt Ed. Sein Hemd war weniger wie ein Schachbrett gemustert, eher grün geblümt auf weißem Grund. Auf der linken Seite stand das Wort Harlekin. Er sprach von einem Paradies, begann zu erklären, welcher Familie die Schrecke angehört, die auf meiner Hand sitzt.

Du weißt, sagt Tina, was ER in seinem Vermächtnis schrieb. Wir sollen bleiben, wo wir sind, und Fremde meiden.

Jeder ist fremd, den man zum ersten Mal sieht. Tetti ist mir nicht mehr fremd, seit ich mit ihm über die Schrecke gesprochen habe, obwohl ich kaum etwas über ihn weiß.

Auf einmal fängt Tina zu lachen an: Auch ich habe heute eine Bekanntschaft gemacht. Du wirst es nicht glauben, aber ich habe beim Bach dort drüben einem Mistkäfer das Leben gerettet.

Ausgerechnet einem Mistkäfer?

Ja, einem Mistkäfer. Er hat mir versprochen, das Haus zu putzen. Sie lacht noch immer.

Und wie?

Ich war schneller als die Kröte, die ihn im Auge hatte, es war ganz knapp. Er selbst war zu sehr mit seiner Dungkugel beschäftigt, um die Kröte zu bemerken. Erst als ich sie im letzten Moment verscheuchte, erschrak er ein wenig.

Seit wann kennst du Mistkäfer?

Länger als du denken kannst. Im Gegensatz zu dir und den Büchern, die wir jetzt haben, habe ich mich immer schon mit Käfern beschäftigt, vor allem im Garten. Auch in unserem.

Sie schauen einander beinahe erschrocken an. Es ist das erste Mal, dass sie wieder von »dort« sprechen, dort, wo sie herkommen. Ed nimmt ihre Hand: Was immer ER verordnet hat, auch wir haben eine Stimme.

Die Augustabende sind hell, wenn auch nicht mehr so hell wie die im Juli.

Tina hat bereits zwei der neuen Bücher gelesen, möchte wissen, ob es noch andere Schrecken in der Nähe gibt. Seine Plumpschrecke (wie er glaubt) steht vor der Gartentüre, als wolle sie ihm begegnen. Auch Tina staunt über den Besuch: Sie scheint dich zu mögen.

Ed bückt sich, hält ihr die Hand hin, sie steigt auf, Tina kichert.

Tetti hat von einem Konzert gesprochen, wenn du willst, kannst du mitkommen.

Sie gehen den Weg Richtung Hütte. Schon hört man die Gesänge, die Schrecken in verschiedenen Tonarten des Zirpens, Schnurrens, Schwirrens, Stotterns, Trommelns, Zuckens, Knipsens, Schrillens, Kratzens, Zischens, Anschwellens und immer wieder abrupten Abbrechens ihr Können zeigen.

Kaum, dass sie an der Wiese ankommen, erblickt Ed Tetti, der in der Nähe der Sänger auf einer Moosdecke sitzt und sie zu sich winkt.

Als er Tina sieht, steht er auf, verneigt sich, nimmt ihren Unterarm: Küss die Hand, Madame. Ich habe gehofft, dass Sie kommen, nehmen Sie doch Platz. Gleichzeitig schüttelt er Eds Hand, der die Schrecke offensichtlich auf den Boden gesetzt hat, oder ist sie hinuntergehüpft?

Sehr erfreut. Du glaubst es nicht, aber es sind Tausende von Heuschrecken, Laubschrecken, Schwertschrecken, Heupferde, Sattelschrecken, Buckelschrecken, Dornschrecken, Feldheuschrecken, Wanstschrecken, Schönschrecken, keine Ödlandschrecken, dafür auch noch Grashüpfer und Grillen, die alle hier kampieren.

Bin beeindruckt, Ed schaut nach rechts und links.

Rundum auch noch Publikum anderer Arten. Habt ihr schon die Leuchtkäfer gesehen? Die singen zwar nicht, aber vollziehen Lichtspiele. Das hält auch Unerwünschte ab, denen es nur ums Fressen geht. Es gibt Käfer, die vor nichts zurückschrecken. Tetti räuspert sich: Immer wieder passiert es, dass vor allem die Larven einander kosten, nur um Geschmack zu erleben. Zum Glück sind Wachen aufgestellt, die ihren Hunger bereits gestillt haben. Dadurch können sie einschreiten, wenn jemand sich vergisst.

Als Tetti Eds verzogenes Gesicht sieht, lächelt er: Leben ist Leben, mein Lieber, und Leben ist vergänglich. Besser gesagt: Leben wird gelebt, verlebt und wieder gelebt, bis ins Unendliche.

Was meinst du damit? Eds Gesicht ist eine einzige Frage, bis hin zum Kopfschütteln: Was meinst du mit verlebt?

Tettis Augen blinken ein wenig: Ist doch ganz einfach, wir werden geboren, leben kurz oder lang, verleben und verderben, bis das, was von uns geblieben ist, sich auf andere Weise wieder zusammensetzt.

Meinst du damit eine Auferstehung?

Das wäre zu einseitig. Das Leben verändert sich ständig. Ich habe deshalb vom Verleben gesprochen, weil nicht alle Bestandteile sogleich wieder antreten können. Manche Zellen brauchen länger, müssen sich ausruhen oder verbessern, vielleicht sogar was Neues schaffen. Es ist wie bei einem Kaleidoskop, viele Teilchen mit verschiedenen Formen und Farben. Einmal umdrehen, schon gibt es ein anderes Bild. Das heißt, dass wir uns immer wieder neu zusammensetzen.

Und wieder Menschen werden? Diesmal ist es Tina, die ungläubig das Gesicht verzieht.

Exakt. Tetti streichelt ihren Arm.

Und deshalb gibt es Verwandtschaften?

Ungefähr, es bleiben immer Teilchen des letzten Lebens aneinandergeklebt, manchmal mehr und manchmal weniger, je nachdem, wie viel Energie sie noch besitzen. Sind es Gefressene, so kommen sie in andere Körper, werden dort kompostiert. Andernfalls verwesen sie ungeschoren, um sich daraus neu zu erfinden.

Von Anfang an?

Erst kommt das Ei – dann die Henne.

Ed schaut um sich, er kann die Schrecke nicht mehr sehen.

Tetti merkt es: Keine Angst, sie wird wiederkommen, wenn sie dir etwas mitteilen möchte.

Mitteilen? Ed sieht eine Reihe von weiblichen Plumpschrecken vorbeiziehen. Sie kann doch nicht sprechen?

Hat sie dich noch nicht wissen lassen, was sie dir mitteilen will? Es gibt auch andere Möglichkeiten, einander zu verstehen, als zu sprechen. Frag deinen Gehörsinn, nimm die Reize wahr. Heutzutage gibt es Apparate, mit denen du Ultraschallmusik hören kannst, zum Beispiel. Oder geh ganz nahe zu den Plumpschrecken hin, dann wirst du den Gesang der Plumpschrecken-Männchen hören, während die Weibchen vielleicht kaum davon beeindruckt sind.

Aber wie werde ich sie denn wiederfinden unter all den anderen, die genauso aussehen wie sie?

Das stimmt nicht, Ed, sie sind keineswegs gleich. Du musst sie auch sehen lernen, sie alle, wenn du sie wirklich kennenlernen willst. Zähl ihre Bortenstreifen, miss ihre Antennen oder schau genau, wie rot ihre Schenkel sind, ob die weißen Striche tatsächlich bis zu den Flügelansätzen gehen, oder wie breit ihr Körper ist, breiter als der der anderen oder schmäler. Während die Männchen eher bequem sind, wie man weiß, und deshalb auch nicht viel tun, um die jungen Weibchen zu begeistern. Was dazu führt, dass die Weibchen entweder woandershin gehen, um Flotteres zu hören, oder, wenn sie selbst nicht mehr morgenfrisch sind, und das könnte unter Umständen auch deine Plumpschrecke betreffen, die Initiative ergreifen und eines der besser aussehenden Männchen von hinten besteigen. Alles andere kann man sich vorstellen.

Aber doch nicht alles? Ed klingt besorgt.

Tetti lacht: Sex ist Sex. Manche können sich nicht zurückhalten. Es ist meist eine Frage der Zeit, ob nur einmal im Jahr oder oftmals gepaart wird. Alle Wesen machen es ein wenig anders, zum Beispiel die Wasserläufer, die den Weibchen Angst einjagen, indem sie Wellen schlagen, um sie dann mit aller Gewalt vor den anderen zu schützen. Überall gibt es Tricks, er räuspert sich, bei Menschen ist das nicht viel anders. Nur dass sie keine zeitlichen Einschränkungen haben. Menschen können jederzeit wie die Bonobo-Affen ihrer Lust frönen. Hat seine guten und weniger guten Seiten. Aber was gibt es schon alles, was es angeblich nicht gibt.

Wir genieren uns auch öfter, flüstert Tina.

Die Musik, die kurz nachgelassen hatte, wurde wieder lauter, vor allem die der Strauchschrecken und der Nachtigall-Grashüpfer. Aber auch die Zikaden und andere Singmeister lassen ihre Töne erschallen.

Auf einmal ist Eds Schrecke wieder da, er beugt sich vor, hält ihr die Hand hin, sie steigt auf. Als sie in Ellbogenhöhe kommt, steigt sie weiter, setzt sich wieder auf Eds armlose Schulter.

Was habe ich gesagt?! Tetti hängt kurz seinen Arm an Tinas Nacken, so als brauche er ihre Kraft, um sich ein wenig größer zu machen. Gleich darauf scheint er tatsächlich ein wenig gewachsen zu sein. Wie wäre es mit einem Drink?

Ed und Tina wechseln Blicke. Gibt es hier eine Bar?

Tetti schaut sich um: Bar ja, aber nicht so, wie ihr euch das vorstellt. Tetti trägt an diesem Abend ein Hemd, das blau ist mit weißen Bordüren und etwas bauschig. Er zieht aus der Hosentasche eine metallene Flasche, die wie eine Blumenvase aussieht, und dreht den Stöpsel um: Wollt ihr riechen?

Ed und Tina nähern sich, schnüffeln. Ein Geruch, den sie zu kennen glauben, aber nicht benennen können.

Tut gut. Tetti holt drei kleine Tässchen aus seinem Hemd, schenkt ein. Es lohnt sich, sagt er. Die Welt besteht aus vielen Welten. Als Diplomat kenne ich viele verschiedene Seinsweisen, aber auch Wahrnehmungswelten, Umwelten und Sinnwelten. Prost, liebe Freunde, ich hoffe, es schmeckt euch!

Tina hält das Getränk länger im Mund, bevor sie es langsam schluckt.

Und? Schmeckt es? Tetti schenkt nach. Tina und Ed rühren mit ihren Zungen um, offensichtlich tut es ihnen gut. Tetti schaut ihnen tief in die Augen.

Jetzt, sagt er, kommen wir zum Erlebnis, das das Fest erst zum Fest macht.

Auf einmal beginnt Tetti zu schrumpfen, locker steht er neben seiner Flasche, stößt sie um: Leer ist leer, also soll sie auch liegen bleiben.

Tina und Ed sind so erschrocken, dass sie erst merken, dass auch sie kleiner werden, als sie auf Augenhöhe neben ihm stehen und Tetti sich bei ihnen beiden einhängt: Keine Angst, ihr werdet sehen, sagt Tetti, in dieser Größe werdet auch ihr dieses Fest genießen. Größe ist immer Verschwendung, das haben wir doch alle schon erfahren. Aber wollen wir es wissen? Nein. Elefanten, Pferde, Kühe, Bären, Giraffen, Gorillas, Pythons und noch einige mehr, auch Menschen haben die Erde vergrault. Alles zu viel, die Natur laboriert an Atembeschwerden, nicht bloß wegen des Betons, an dem sie sich ständig die Zähne ausbeißt, sondern auch wegen der durchgemischten Luft, die den Gemüsen das Aroma stiehlt. So viel Fleisch hat dieser Welt nicht gutgetan. Zuviel Blut, das in zu viele Kehlen fließt. Ein Ungewicht, das nicht mehr ins Gleichgewicht findet, während die Kultur der Natur zeigen will, wie viel Nahrung in jedem Mund Platz hat, wie viele Mäuler den Boden sauber machen müssen. Ihr werdet sehen, was für ein Fest wir unterm Regenbogen feiern, mit genügend Luft und Stimmen, die ihr nach dem Drink nicht nur hören, sondern auch sehen, riechen, schmecken oder ertasten könnt, all das, was viele Menschen kaum oder gar nicht wahrnehmen, wie die elektrischen und magnetischen Felder, die menschliche Forscher erst kennen, wenn sie sie erforscht haben.

Als hätte Tetti einen Knopf gedrückt, gehen sie jetzt zu dritt los. Musik erschallt aus allen Richtungen, auch solche, wie sie Ed und Tina noch nie gehört haben. Einige Schrecken und Grillen führen akrobatische Künste vor, andere fliegen im Kreis um die Sänger, schicken ihre eigenen Lieder noch weiter nach oben. Von Zeit zu Zeit erzittern die Grashalme, ähnlich wie die kleinen Zugvögel, die ebenfalls singen, wenn auch in anderen Tönen. Es zieht sie magnetisch in den Süden, auch wenn es vom Wetter her noch keine Eile hätte. Der eine oder andere Vogel würde, wenn er nicht schon zu müde wäre, sich noch gerne etwas Wegzehrung besorgen, Insekten jeder Art zum Beispiel, aber dazu reicht sein nächtliches Sehvermögen nicht. So fliegt er wie die meisten zum

Schlafen in den Wald. Morgen ist auch noch ein Tag, der für die Vögel bereits um fünf Uhr früh beginnt. Also ab ins Nest.

Ed und Tina fühlen sich leicht wie Federn, schützend, wärmend, leichtfüßig, ein wenig flatternd. Tettis Hemd wird immer bauschiger, feiner Wind streift darüber, die in der Finsternis blühenden Nachtkerzen duften stärker als Lilien.

Wollen wir tanzen? Tetti beginnt sich zu drehen, nimmt Tina in die Arme, fliegt mit ihr bodennah ein paar Kreise. Ihr Zopf löst sich, ihre Haare schlagen Luftwellen. Als sie wieder am Boden sind, schreiten sie in bestimmten Rhythmen auf und ab und rundum, dann streichen die Schrecken mit ihren Beinen Geigentöne dazwischen, es wird auch noch kräftig getrommelt, mit etwas Schall leicht gepfiffen, geschwirrt, aber auch gezirpt.

Ed setzt sich, streichelt sanft über den Rücken seiner Schrecke, die ihm jetzt so viel größer erscheint. Er hat das Gefühl, dass auch sie tanzen möchte. Tatsächlich hält sie sich an seiner Schulter fest, streckt die Beine bis zum Boden, schubst ihn zum Kreiseln. Es ist sie, die ihn hält, er legt seinen Arm auf sie, es ist so leicht, den Boden zu verlassen, um ihn gleich darauf wieder zu betreten. Das Gefühl des Fliegens macht es für Ed einfach, es als Tanz zu sehen, er empfindet es bald als Entspannung, sowohl seines rechten als auch seines nicht vorhandenen linken Arms, der ihn noch manchmal schmerzt.

Als sie zu viert wieder auf der Moosdecke sitzen, meint Tetti, es wäre so viel einfacher, selbst leicht zu sein. Seine Häutungen selbst vollziehen zu können, sich wieder neu zu gestalten, immer wieder in einem frischen Körper zu leben, der nie alt aussieht. Und das seit Millionen von Jahren.

Noch einen Schluck? Tina und Ed klicken mit den Fingern. Tetti zaubert hinter seinem Rücken ein Fläschchen hervor, diesmal ohne Tässchen. Er selbst nimmt den ersten

Schluck, schnalzt danach leicht: Ist in Ordnung, besser sogar als der letzte Saft. Er gibt die Flasche an Ed weiter, der dann an Tina.

Wieder haben die drei Lust zu tanzen und auch selbst zu singen. Tina beginnt, und sobald ihre Stimme kräftiger wird, hören andere mit dem Singen auf, um ihre Töne zu hören. Tetti legt die kleine Flasche weg, versucht mitzusingen, zwar in einem anderen Ton, jedoch im gleichen Rhythmus.

Als Wind aufkommt, zerfällt Tinas Haar in Locken, Tettis Hemd bauscht sich wie eine Wolke, die sie beide nach oben zieht, hinauf zu den Sternen, die den Himmel beleben, während sich die Töne zu kleinen Ballonen bündeln, die nach Ohren lechzen, die sie hören wollen.

Wir fliegen, ruft Tina, legt sich in die Luft, als würde sie im Fluss auf dem Rücken schwimmen. In die Hemdsärmel von Tetti dringt so viel Wind, dass sie sich blähen, wie der Gleitschirm eines Paragleiters.

Auf einmal stürzt einer der Sterne auf die Erde, doch dann ist es ein kleines Flugzeug, das auf sie zuzukommen scheint.

Keine Angst, wir schweben langsam zu Boden. Wir sind zu leicht, um auf die Erde zu fallen, wir lassen uns einfach nieder. Die meisten Vögel schlafen jetzt, sie hören und sehen uns nicht. Wir sind im Paradies, haben so viel Raum, wie wir brauchen, um uns zu erhalten. Gib mir deine Hände, vertrau mir, schüttle hin und wieder den Kopf, auch die Locken schwächen den Wind.

Da ist auch ein kleines Flugzeug, vielleicht ein Privatjet, der jemanden besucht. Noch ist nicht klar, wo er hinwill.

Ed, flüstert Tina, noch fliegen wir. Es tut mir so leid, dass du nicht fliegen kannst.

Ein Tag, an dem die Sonne mit der Farbe Rot beginnt. Ein Brandrot, das nur langsam hinter dem Berg ins Blaue übergeht.

Ed wacht als Erster auf, die Schrecke sitzt noch immer auf seiner Schulter, lässt ihn jedoch wissen, dass es Zeit ist, aufzustehen. Noch liegen die Locken auf Tinas Gesicht, sie hat die Beine angezogen, damit ihr Kleid sie wärmt.

Tetti sitzt auf der Bank vor der Hütte, tankt Sonnenlicht für seinen Körper.

Wiesengräser und blühende Blumen strecken sich nach oben, vor allem an Stellen, die betreten worden sind.

Ed rüttelt ein wenig an Tinas Arm: Wir sollten aufstehen, bevor jemand auf dem Schotterweg vorbeikommt.

Fliegen wir noch?, fragt Tina. Sie hält ihre Knie umschlungen, schaut um sich. Erst jetzt bemerkt sie, dass ihre Haare offen auf ihren Schultern liegen und Locken über ihr Gesicht hängen. Sogleich fasst sie sie wieder zum Zopf zusammen.

Wie wäre es mit einem Frühstück? Ed stupst Tetti an, der, die Augen geschlossen, den Kopf in die Sonne hält. Wenn du Lust hast, kannst du mit uns kommen. Tina geht jetzt auch auf Tetti zu, der die Augen noch immer nicht geöffnet hat. Er nickt: Gib mir noch ein paar Minuten, bis ich genug Energien für meine menschliche Größe habe.

Du weißt, wo wir wohnen, oder?, fragt Tina. Komm nach.

Mach ich. Er hat noch immer die Augen zu.

Ed mit Schrecke, Tina mit Zopf … Weißt du, warum wir hier eingeschlafen sind? Tina zuckt die Achseln, die Schrecke lässt Ed wissen, dass sie Saft getrunken hätten, einen Saft, mit dem man die Wirklichkeit zum Traum machen kann.

Was bedeutet das? Dass wir wirklich geflogen sind? Tina fummelt während des Gehens noch an ihrem Zopf herum.

Sieht so aus. Zumindest hat sie mir vermittelt, dass du und Tetti etwas dieser Art gemacht habt.

Und wie vermittelt sie dir das?

Ed zuckt die Schultern: Ich spüre es, so als würde ich es selbst sagen wollen.

.

Und das mit dem Flugzeug? Da war doch etwas mit einem Flugzeug. Ich habe gedacht, es wäre ein wandernder Stern, aber Sterne machen keinen Lärm, zumindest keinen, den wir hören können.

Es dauert nicht lange, bis sie das Haus sehen, in dem sie wohnen. Plötzlich bleibt Ed stehen: War es überhaupt ein Flugzeug? Die Schrecke meint, dass es ein Helikopter war.

Woher soll sie das denn wissen? Tina schüttelt den Kopf, sogleich löst sich ihr Zopf wieder in Locken auf.

Ihre Leute seien öfter als du in der Luft oben, sie wüssten Bescheid über Flügel und Rotoren, aber auch über Routen, hat die Schrecke mir vermittelt. Ihres Wissens sei der Helikopter hier durchgekommen, sei auch hier gelandet, aber nach ein paar Minuten wieder aufgestiegen, danach in eine andere Richtung verschwunden.

Hier ist jedenfalls nichts davon zu sehen. Tina lächelt breit.

Wir sollten hinter das Haus gehen. Ed winkt Tina zu, die bereits die Haustüre öffnen will.

Komm!

Die schattige Wiese hinter dem Haus sieht aus, als wäre ein Mäher mehrmals durchgefahren, ohne dass sie gemäht worden wäre. Direkt an der Wand des Hauses liegen abgebrochene Zweige von den noch nicht abgeernteten Himbeer-, Brombeer- und Ribiselsträuchern. Selbst Tina ist wie versteinert.

Ed holt eine Heugabel. Tatsächlich findet er ein Paket unter den Zweigen und hofft, dass es niemand gesehen hat. Tina kann es nicht glauben.

Ed lässt die Schrecke auf den Boden, um das Paket aufzunehmen.

Lass mich das machen, schau lieber auf deine Hellseherin.

Ed bückt sich, die Schrecke ist bereits verschwunden.

Das Paket ist schwer für seine Größe. Als sie in der Küche sind, legt Tina das Paket auf das Fensterbrett der schattigen Seite.

Eine Warnung oder ein Befehl? Eine Bitte oder eine schlechte Nachricht? Hat ER das Paket geschickt, oder ist seine Urne darin?

Tina und Ed beschließen, erstmal zu frühstücken. Als alles auf dem Tisch liegt, ist auch die Schrecke wieder da. Wie sie das ohne Flügel geschafft hat? Sie meint, sagt Ed, dass die Stärkung wichtiger sei.

Er geht hinaus, um ein paar Wiesenblüten für sie zu holen. Als er sich umschaut, sieht er Tetti, der über den Boden gleitet. Ed geht ihm entgegen: Du kommst zur rechten Zeit. Tinas Tee ist bereits fertig, die Schrecke ist auch wieder am Tisch.

Hast du schon gesehen, was der Helikopter angerichtet hat?

Keine Angst, in zwei, drei Tagen ist alles wieder Wiese.

Dann weißt du ja auch, was der Helikopter abgegeben hat.

Was drinnen ist, ahne ich bloß, aber ich würde an deiner Stelle zuerst frühstücken. Was immer danach kommt, es ist am ratsamsten, vorher Energie zu tanken.

Tina hat so ziemlich alles auf den Tisch gestellt, was sie am Tag zuvor eingekauft haben. Verschwendung, meint die Schrecke, köstlich, sagt Tetti. Fliegen ist wunderbar, braucht aber Kraft und Proteine, vor allem bei meiner Größe.

Kannst du mir sagen, fragt Ed beinahe schüchtern, wer und was du eigentlich bist.

Tetti scheint nachzudenken. Ich werde versuchen, es dir zu erklären, was mir insgesamt ein wenig schwerfällt. Wie du weißt, bin ich Diplomat, eine Ausnahme inmitten von Millionen Insekten, einer, der sich ein wenig Menschliches angeeignet hat. Ich gehöre zu den Lebewesen, die in vielen Häuten stecken, noch dazu in verschiedenen. Meine Aufgabe ist es, mit Menschen Kontakt aufzunehmen. Ihnen klarzumachen, was sie uns allen mit ihrem Größenwahn und ihrer Machtgier antun. Ausgerechnet uns, den Insekten, die wir die meisten Strategien dieser Welt erfunden haben, ohne sie ständig gewaltsam zu benützen. Wir sind so viel älter, doch haben wir Böden weder zerstört noch verbaut. Wir werden seit Millionen von Jahren geboren, dennoch haben wir nie alles besitzen wollen, selbst angesichts unserer vielen Arten nicht.

Auch wir können töten, selbst Kriege sind uns bekannt. Wir kennen Vergiftungen und Verbrennungen, aber wir vergessen nie, wie abhängig wir von anderen sind und von dem, was sie uns überlassen.

Im Gegensatz zum Menschen, der nur mehr er ist, sind wir selbst in jeder Art hundert- bis tausendfach veränderlich, auch in verschiedenen Farben. Dennoch verehren wir euch, bewundern eure Techniken, eure Anspruchsfülle und Dreistigkeit. Allein eure andauernde Sexualität, die wir nur bei wenigen Stämmen kennen, zeigt uns, wie sehr ihr euch breitmacht auf dieser Erde, dennoch lieben oder zumindest mögen wir euch.

Plötzlich lacht Tetti wieder. Jetzt könnt ihr euch vorstellen, in welcher Zwickmühle ich mich befinde. Ich mag euch, ich mag euch sehr mit meinen menschlichen Genen, die sich mit euren kreuzen. Jetzt wisst ihr, warum ich so viele Proteine brauche.

Und jetzt sagt mir, was in dem Paket ist, das der Helikopter nachts geliefert hat.

Ed und Tina schauen einander fassungslos an: Woher weißt du, dass es ein Paket ist? Tetti grinst. Ich wusste es nicht, aber ich ahnte, dass der Helikopter so etwas bringen würde. Meine Augen sehen weit, auch wenn es dunkel ist.

Ed steht auf, bringt das Paket zum Tisch. Es dauert eine Weile, bis es ihnen gelingt, das Paket zu öffnen. Sie stoßen dabei mit den Köpfen zusammen, und selbst die Schrecke beugt sich vor auf Eds Schulter.

Papier, Papier, Papier.

Noch hält der Krieg an, selbst wenn die meisten, auch wir Generäle, kriegsmüde sind. Alles zerbombt, zerstückelt, verbrannt, es ist Zeit, die Toten tot sein zu lassen. Alles werden die, die den Krieg geführt haben, neu aufbauen. Ohne sie gäbe es nur noch Chaos. Die Überlebenden werden sich wieder an den Alltag gewöhnen. Also wollen wir in diesem abgelegenen Dorf, dem sogenannten Paradies, zeigen, was sich machen lässt. Daher haben wir bereits Pläne für die Bauten, die wir angehen wollen.

Tatsächlich holt Ed eine Reihe von Plänen, die von Architekten gezeichnet wurden, aus dem Paket.

Villen, Pools, Tennis, vor allem Golfplätze. Man kann nie früh genug anfangen, die Zukunft zu steuern. Die Ersten sind nie die Letzten gewesen, im Gegenteil, die Ersten werden den meisten Platz finden.

Tinas Stimme, die das alles vorliest, wird immer sarkastischer, sie schüttelt ihren Lockenzopf: Das wollen Menschen sein? Das sind Zombies. Sie lässt die Texte über den Tisch flattern, bis sie zu einer Parte kommt. Die Todeserklärung ihres Vaters, des großen Kriegers.

Das wollte er nicht, sagt Ed. ER wollte keine Toten mehr, darum sind wir hier.

Tetti nimmt den Rest der Papiere, legt sie so hin, dass alle mitlesen können: ›An Ed und Tina‹ steht auf dem letzten Blatt.

Ihr seid schon lange genug da, so dass wir annehmen, ihr seid wieder arbeitsfähig. Nachdem ER nicht mehr lebt, sind wir diejenigen, die für eure Zukunft zuständig sind. Studiert die Pläne, ermittelt, wem die Wiesen gehören. Es sind Leute vom Land, die keine Ahnung haben, was man für Wiesen be-kommen kann. Auch ein Punkt, warum wir jetzt schon anfan-gen, Grundstücke zu kaufen, und so tun, als würden wir ihnen damit das Leben verbessern. Wenn ihr das zuwege bringt, wer-det ihr euren Anteil kriegen.

Werdet ihr mitmachen?

Wir sind nicht zur Gänze verrückt, Tetti. Es wird Ände-rungen geben, keinen neuen Krieg, aber einen Umbruch, der von uns ausgehen wird, für das Leben von uns allen, denn wir wissen, was Paradies bedeuten kann. Wir können das nicht alleine machen. Ihr müsst uns helfen, um den »Ver-rückten«, die sich nur selbst kennen, klarzumachen, dass es viele, so viele verschiedene Lebensweisen gibt, wie auch unendlich viele verschiedene Leben gelebt werden. Alle sind irgendwie voneinander abhängig, auch wenn sie es oft nicht glauben wollen. Es geht uns beiden schon besser, gut genug, um dieses und alle anderen Paradiese zu verstehen, sie zu schützen und das zu unser aller Nutzen.

Die Schrecke hüpft von Eds Schulter mitten auf den Tisch, hebt eines der sechs Beine und streckt es, als würde sie zustimmen.

Die Schönheit der Tag- und Nachtfalter

Mama, rief Elena, komm zum Spiegel.

Zu welchem Spiegel?

Dem in der Veranda, den ich statt dem grauslichen Bild aufgehängt habe.

Als Olga, Elenas Mutter, kam, hatte sie noch ein Staubtuch in der Hand, schüttelte es kurz zum offenen Fenster hinaus. Und was willst du von mir?

Siehst du mich nicht? Mich und ihn?

Wer ist *er*?

Siehst du ihn nicht? Er sitzt an meinem Hals, bewegt sich kaum, nur hin und wieder hebt er die Flügel.

Vielleicht will er doch nicht bleiben.

Schau in den Spiegel, dann siehst du ihn und mich, nicht wenn du auf meinen Rücken schaust.

Oh, ein Schmetterling, wie schön, noch dazu an deinem Hals.

Aber nicht, wenn du dahinterstehst. Versuch dich wegzudrehen, bis du dich nicht mehr im Spiegel siehst, nur ihn und mich, denn dein verzopftes Haar passt nicht dazu.

Ja, ja, Süße, ich stehe schon in der Ecke. Weißt du, welcher Falter es ist?

Ein schöner, vor allem ein schöner.

Wenn du mich fragst, ist es wahrscheinlich ein Osterluzeifalter mit viel Gelb, etwas Schwarz, dazu Rot und Blau, großartig.

Bist du sicher, Mama?

So ziemlich. Es ist nicht einfach, all die Widderchen, Spinner, Schwärmer, Schwänzchen, Eulchen, Bohrer, Zünsler, Wickler und Falter auseinanderzuhalten.

Ich werde es können, Mama. Schreib sie mir auf, ich lerne sie dann auswendig.

Wenn du das schaffst, schenke ich dir zum Geburtstag einen Fangbeutel.

Er beginnt, seine Flügel auszuspannen, siehst du? Er fliegt, er fliegt wieder nach draußen.

Ein Falter, mit wunderschöner Zeichnung, wie die meisten Schmetterlinge. Bei ihnen können sich sogar die Raupen sehen lassen.

So hat es angefangen, mit Elena, den Spiegeln und den Schmetterlingen. Sie war gerade zur Schule gekommen, als sie merkte, dass Spiegelungen und das, was sie spiegeln, nie identisch sind, nicht nur des Lichts, sondern auch der verschiedenen Platzierungen wegen. Es ging darum, welche Spiegel wo hingen, wie viel sie von dem erfassen konnten, was gespiegelt wurde, auch wenn niemand vor ihnen stand. Sie versuchte, etwas in dem Spiegel zu sehen, ohne selbst davorzustehen, indem sie sich ganz an den Rand stellte, sozusagen schräg daneben, so dass sie auch das Gespiegelte sehen konnte und dabei erkannte, dass der Spiegel das Gegenüber anders darstellte als das, was sie sah. Ihr fiel auf, dass das Gesicht immer ein anderes war, je nachdem, wie der Teint belichtet wurde. Als sie das erste Mal versuchte, zwischen Sonne und elektrischem Licht zu unterscheiden, war sie verblüfft über das Ergebnis. Sie erschrak sogar, als sie merkte, wie unterschiedlich sie ihr eigenes Gesicht wahrnahm, auch wenn sie dieselbe Frisur trug und dasselbe Kleid.

So fand sie ihre Lieblingsspiegel, die sich immer wieder änderten, jedoch das Flair wiedergaben, das vom Gegenüber ausströmte. Aber nicht in jedem Spiegel des Hauses sah sie sich, wie sie sich sehen wollte. Lag es an den Dingen oder an den Lampen?

Und schaute sie in diese »falschen« Spiegel, empörte sie sich oder versuchte, sie fallen zu lassen, was einem, wie sie sagte, beim Putzen passieren könne. Sie entschuldigte sich, verzog dabei das Gesicht, hob die Scherben auf, um sie dann, wenn niemand dabei war, draußen noch heftiger zu zertreten, als hätte sie über einen Feind gesiegt.

Ich und die Schmetterlinge haben die schönsten Körper, die es gibt. Mein Haar, meine Augen, meine Brüste, und ihre Flügel, ihre Farben, ihre Zeichnungen, sagte sie sich als junges Mädchen.

Ihr Vater starb und sie ging auf die Wiesen neben dem Haus, fing Hunderte von Schmetterlingen mit ihrem Beutel. Als man ihren Vater dann in dem Sarg in die Erde hinunterließ, öffnete sie den Beutel, ließ alle Schmetterlinge, einer schöner als der andere, heraus. Sogleich fanden sie sich zu einer himmelfarbenen Wolke zusammen, kreisten um das Grab, als würden sie tanzen, und verloren sich in den Bergen oberhalb der Wiesen.

Alle, die um das Grab herumstanden, hoben den Kopf und sahen ihnen lange nach. Einer aus der Familie meinte, sie wären schöner als die weißen und gelben Blumen, die die Familie für ihn gebracht hatte.

Elena lächelte traurig, merkte aber nicht, dass sich einer der Schmetterlinge auf die Schulter ihres Trenchcoats gesetzt hatte. Einer ihrer Cousins sagte: Schau an, ein Schwarzer Trauerfalter.

Trauerfalter? Das ist kein Schwarzer Trauerfalter, das ist ein Trauermantel, erwiderte sie. Der Schwarze Trauerfalter ist viel kleiner als der Trauermantel. Das sieht man doch. Auch hat er dunkelbraune und gelb gesäumte Flügel, die der Schwarze Trauerfalter nicht hat. Der ist schwarz, hat eine weiße Ellipse auf den Flügeln und an den Rändern kleine weiße Nähstiche.

Oder kannst du Gelb und Braun von Weiß nicht unterscheiden.

Ruhe trat erst ein, als alle einen Klumpen Erde auf den Sarg geworfen hatten.

Elena hatte noch immer Tränen in den Augen. Sie flüsterte, während sie die kleine Schaufel nahm: Glaub mir, Papa, es ist der Große Eisvogel, der in den Wipfeln der Bäume sitzt, um auf seine Freunde zur Wipfelbalz zu warten. Er ist nur wegen dir heruntergekommen, Papa!

Ich habe den kleinen Salon so hergerichtet, dass die Schmetterlinge rein und raus fliegen können, sagte Elena zu ihrer Mutter. Und dazu ein paar Schüsselchen mit den Flüssigkeiten hingestellt, die die Schmetterlinge saugen können.

Und welche Schmetterlinge?

Die schönsten, Mama, die, die mir auch in den Träumen begegnen.

Und die wären?

Ich liebe die mit den großartigen Bordüren wie das Schwarze Ordensband. So elegant, als wäre er händisch gefertigt. Man sieht ihn recht selten, da er ziemlich klein ist.

Den habe ich noch nie gesehen. War dieses Ordensband schon einmal in einem deiner Spiegelräume?

Ja, das heißt, nicht wirklich. Ich habe es mir so sehr erträumt, dass ich glaube, es einmal auf meinem Fensterbrett gesehen zu haben.

Kann schon sein, Elena. Kennst du den Erdbeerbaumfalter? Der hat sogar Schwänze an den Hinterflügeln. Der kommt auch nur selten in die Gegend. Noch ist es ihm zu kühl hier, aber demnächst wird auch er nach Norden wollen. Noch geht es uns gut, meine liebe Elena, aber die meisten sind schon auf dem Weg. Uns schützen einstweilen noch die Berge, doch von Jahr zu Jahr werden nicht nur die Schmetterlinge, sondern auch eine Reihe von Käfern, Schrecken und Libellen immer weniger. Wir wissen es, aber wir wissen nicht, was wir tun sollen.

Elena saß noch lange bei ihrer Mutter, schaute den Schmetterlingen zu, wie sie von draußen hereinkamen und auf sie zuflatterten, so dass sie ihre Arme strecken musste, damit all die Falter Platz auf ihr fanden.

Schön, sagte Elenas Mutter, so schön, wie es nie sein wird, wenn du nicht da bist. Die Falter werden nur hereinkommen, sich umsehen, ob du nicht doch da bist, um gleich wieder nach draußen zu flattern.

Ich weiß, Mama, aber ich muss herausfinden, was wir tun können. Du weißt, Klemens wartet schon auf mich, auch er glaubt, dass sie bereits jetzt zu wenig Raum haben. Bei dir geht es ihnen noch gut mit den vielen Wiesen.

Und ich, was soll ich alleine mit den Schmetterlingen auf den Wiesen?

Die kleine Katze dazu bringen, dass sie keine Schmetterlinge frisst, und die Wiesen in Ruhe lassen, sag das dem Joschka, er hat ohnehin viel zu viel zu tun.

Deine Cousine Mira wird demnächst heiraten, da solltest du dabei sein, oder?

Wenn ich nicht auftreten muss, komme ich mit Klemens ein paar Tage, abgemacht?

Was bleibt mir denn anderes übrig, Kind, als auf euch zu warten. Wann genau wirst du fahren?

Morgen früh muss Arno ohnehin in die Stadt, da nimmt er mich dann mit.

Es war bereits Abend, als Elena aufstand, und schon flogen all die Schmetterlinge zum Fenster hinaus.

Es war noch nicht lange her, dass Elena Klemens kennengelernt hatte. Kurioserweise wurden sie bald danach für dasselbe Stück engagiert, obwohl sie beide keine wirkliche Ausbildung hinter sich hatten. Da sie beide schnell lernten, fotogen waren, verlässlich und pünktlich, sprangen sie quasi ins kalte Wasser. Bald gab es sogar Anfragen für ein weiteres Stück.

Elena und Klemens hatten einander auf einer der Wiesen in der Nähe von Elenas Geburtshaus kennengelernt. Er war mit zweien seiner Brüder von einem der Berge gekommen. Als Klemens Elena sah, kam er auf sie zu, fragte, ob sie wisse, wo es hier ein Gasthaus gebe, sie seien alle drei ziemlich verschwitzt, auch müde. Gleichzeitig bemerkte er, dass auf Elenas Schultern einige Schmetterlinge saßen. Da es einen Hauch von Wind gab, flatterten ihre Flügel ein wenig, die Füßchen hielten aber an Elena fest.

Klemens war derart beeindruckt, dass er sie einlud, mit ihnen in das Gasthaus zu kommen, das sie ihnen zeigen sollte. Es war nicht weit bis dorthin, doch als sie zum Haus kamen, wollten die Schmetterlinge nicht mit und flogen davon.

Als Klemens fragte, woher sie diese Vertrautheit mit den Faltern habe, erwiderte sie, sie sei mit ihnen aufgewachsen. Später habe sie dann wissen wollen, was es mit den Schmetterlingen auf sich hätte. Sie hätte sich alle Bücher über Schmetterlinge besorgt, die sie nur finden konnte. Anfangs habe sie öfter mit ihrer Mutter und noch viel öfter mit ihrem Vater darin gelesen, um dann auf den Wiesen die Schmetterlinge selbst zu finden.

Es schien eine Liebe auf den ersten Blick zu sein. Obgleich Elena auch den Brüdern gefiel, akzeptierten diese von Anfang an, dass sie und Klemens zusammengehörten. Nachdem sie alle in dem Gasthaus gegessen hatten, noch dazu müde waren, fragten die Brüder, ob sie hier übernachten könnten, sie seien einfach zu erschöpft, um ihre Zelte aufzuschlagen.

Der Wirt meinte, wenn nicht jeder ein Zimmer haben wollte, könnten sie im Raum für die Bergsteiger schlafen, es seien noch drei Betten frei. Die Brüder wollten sofort ins Bett. Nur Klemens, der Älteste, entschloss sich, Elena nach Hause zu begleiten, damit ihr nicht ein Wolf begegne (alle lachten, auch der Wirt), der gerade auf Jagd sei.

Als Klemens wiederkam, war es sechs Uhr früh. Jakob und Tino schliefen noch, wurden aber munter, als Klemens aus der Dusche kam. Als sie etwas verdutzt dreinschauten, winkte er ab: kein Kommentar. Ihr könnt gerne weiter auf die Berge, ihr seid alt genug. Ich bleibe noch zwei Tage, dann fahre ich mit dem Zug nach Hause.

Die beiden Brüder sahen sich an, verzogen ihre Gesichter und kicherten: Er hat gefunden, was er wollte. Jedenfalls ist es ziemlich schnell gegangen.

Bei der Verabschiedung sagten sie: Vergiss nicht, dass du Schauspieler werden willst, da ist die Auswahl unter den Schönen groß.

Klemens pfiff mit zwei Fingern: Auf in die Berge, Burschen!

Klemens war mit Elena durch die Wiesen gegangen, sie zeigte ihm ein paar der schönsten Nachtfalter, während der Vollmond langsam über den Himmel zog. Sie fing an mit dem Großen Grünen Blatt und seinen weißen Zierleisten, danach kam der Schwarzaderspanner, dessen schwarze Adern nur zart durch sein Weiß schimmerten, aber am eindrucksvollsten war das Wiener Nachtpfauenauge mit einer Spannweite von 15 cm, angeblich der größte Schmetterling Europas, mit hellen Außensäumen und großen, dunkel umrahmten Augen an den Flügeln.

Da die Nacht nur eine Nacht war und der Mond nur ein Mond, gelang es Elena, diesen Falter auf Klemens' Schulter zu setzen. Vielleicht war aber alles nur ein Traum.

Sie sind die schönsten von allen, trotzdem vergiftet man sie seit Jahren, oft ohne es zu wissen, eine Fahrlässigkeit, die ich manchmal beweine, sagte Elena, dabei legte sie ihre Hand auf seine linke Schulter, denn auf der rechten saß noch immer der große Falter. Es war das erste Mal, dass Klemens sie küsste.

Olga war auf ihrem Sofa eingeschlafen, spürte jedoch, dass ihre Tochter wieder im Haus war. Ein friedliches Gähnen, dann schlief sie weiter.

Elena nahm Klemens mit nach oben, in ihr Reich, in dem sie und er dann irgendwann zu Bett gingen.

Olga hatte schon alles für ein gutes Frühstück aufgetragen. Nachdem er sich verbeugt und vorgestellt hatte, versuchte sie, so zu tun, als gehöre Klemens bereits zur Familie, und fragte nur, ob er lieber Tee oder Kaffee trinken wolle, weiche oder harte Eier bevorzuge. Als sie dann zusammen aßen, kam Olga noch mit Honig aus der Küche, der von ihren eigenen Bienen stammte.

Es war Frühling, ein Frühling, der ein viel zu früher Frühling war, einer, wie es ihn seit den Aufzeichnungen noch nicht gegeben hatte, so wie der vergangene Herbst als Herbst viel zu lang gewesen war. Selbst auf den Bergen war das Wetter mild wie sonst erst im Mai. Auch die nächsten zwei Tage würden ohne Regen und Schnee vergehen, so der Wetterbericht.

Lass uns auf den Kronenberg gehen, oder warst du da gestern? Elena fing an, die Frühstücksteller übereinanderzustellen. Vielleicht gibt es bei diesem warmen Wetter Schmetterlinge, die überwintert haben und schon ein wenig flattern. Aber es gibt auch Falter, die Ende März flügge werden, wie die Nagelflecken, die eigentlich nur nachts fliegen, oder der Gletscherfalter, der nur oberhalb der Baumgrenze fliegen will. Für gewöhnlich kommt er erst im Mai, könnte aber auch früher auf seinen Steinen hocken, um sein Revier zu sichern. Er kommt nur alle zwei Jahre in größeren Mengen. Wenn heuer überhaupt ein solches Jahr wäre, so würden sie jetzt eine Reihe von Schmetterlingen sehen, die ziemlich hoch fliegen, auch wenn sie in Wäldern wohnen wie die pelzigen Alpenspanner, die gleich nach der Schneeschmelze auftauchen. Es gibt eben immer einige, die es nicht erwarten können. Vielleicht kann man schon welche sehen, wenn wir Glück haben. Auch auf dem Königsberg ist kaum mehr Schnee.

Sie hatten Glück. Auf beiden Bergen begegneten sie Schmetterlingen, die die Schmelze nützten, obgleich sie noch ein wenig steif waren, was wieder ihr und Klemens zugutekam.

Sie konnten sie berühren, auch hochheben, ohne dass die Falter sich wehrten.

Sosehr Elena und Klemens sich über ihre Funde freuten, desto mehr Sorge hatten sie, dass zu viele Menschen auf diese Gipfel, vor allem auf den Königsberg, steigen und damit die Falter womöglich vertreiben würden. Würde es immer wärmer, würden auch die Falter immer öfter in Richtung Gipfel oder überhaupt gen Norden ziehen, wohin sich bereits viele andere Insekten geflüchtet hätten, angeblich auch Vögel und Amphibien.

Als sie zusammen mit Olga zu Abend aßen und sie Klemens fragte, wie es ihm auf dem Kronenberg gefallen habe, meinte er, dass er dieser Tage mehr gelernt hätte als in den letzten Jahren.

Über die Schmetterlinge?

Nicht nur über die Schmetterlinge. Ich habe früher nie so begriffen, dass wir uns Menschen nur als eine der vielen Arten des Lebendigen sehen sollten.

Und auch, sagte Olga, dass das Leben mehrere Stationen hat. Elena war zum Beispiel als Kind eine Zeit lang geradezu unausstehlich und zugleich wissbegierig bis zum Gehtnicht-mehr. Doch auf einmal war sie erwachsen, ziemlich früh, aber es war so. Olga lachte, und Klemens konnte nicht anders, als ebenfalls zu lachen, während Elena die Röte aufstieg: Ist es bei dir, Klemens, nicht auch so gewesen?

Es dauerte eine Weile, bis er eine Antwort fand: Mag sein, aber wer weiß schon alles über sich selbst.

Ich, sagte Elena und machte eine kleine Pause, ich schon gar nicht.

Diesmal lachten sie alle drei.

Als Elena und Klemens am nächsten Tag mit dem Bus in die Stadt fuhren, meinte Elena, ihre Mutter habe sich verändert, sie wisse nur nicht genau in welchem Sinn.

Sie kommt mir sehr jung vor. Wie alt ist sie eigentlich?

Elena dachte nach: Noch keine vierzig.

Und dein Vater?

Er war achtzehn Jahre älter als sie. Leider weiß man noch immer nicht, wie diese Krankheit zu behandeln wäre, an der er gestorben ist. Als Schülerin war ich ein Vaterkind. Erst im Jahr der Trauer sind Olga und ich uns wieder nähergekommen.

Unsere Eltern, sagte Klemens, sind schon lange geschieden. Wir haben uns aufgeteilt, die kleinen Buben an die Mutter, ich, als der Älteste, an den Vater. Inzwischen sind wir alle ausgeflogen. Er lächelte selbst über diese Redensart. Du wirst schon sehen, wenn du sie alle einmal kennenlernen solltest.

Das erste Stück, in dem sie beide auftraten, war eine Art Märchen, in dem es Feen, Elfen und Zwerge gab, aber auch wilde Tiere. Manche der Kinder erlagen dem Zauber, wie es nur Kindern geschehen kann. Es war eine Mischung aus verschiedenen Geschichten, die in einem Wald spielten, in dem das Böse waltete.

Wie die Borkenkäfer, sagte Elena, nachdem sie das Stück zum ersten Mal gelesen hatte: Schade, dass es so verschleiert erzählt wird.

Klemens hatte die Rolle des klugen Mannes zu spielen, sie war eine Art Rotkäppchen. Beide sollten den Wolf zu einem guten Wolf machen. Wie gesagt, kein besonderes Stück, aber sie lernten viel dabei. Das zweite Stück beruhte auf einem Buch, das erst vor einem Jahr erschienen und gut angekommen war. Ein Stück, das auch die schönen Farben der Tiere, die darin vorkamen, zeigte.

Als die Theatertruppe erfasste, dass Elena sich mit Schmetterlingen gutstand und vieles über sie zu erzählen wusste, bat Marlene, die Regisseurin, sie, ihr für das nächste Stück Geschichten über Schmetterlinge vorzuschlagen, zum Beispiel darüber, wie man am besten mit ihnen umgehen sollte.

Elena bat um zwei Tage, damit sie sich etwas ausdenken könnte.

Als sie es Klemens erzählte, der den guten Imker geben sollte, lachte er: Wer denn sonst wäre dazu fähig!

Elena legte sich aufs Bett und grübelte einen ganzen Tag. Klemens war unterwegs zu einem echten Imker, von dem er sich einiges abschauen wollte. Er nächtigte sogar in dessen Haus, damit er in aller Frühe erfahren konnte, wann die Honigbienen zu summen beginnen, und auch wie man sie mit den Fingern anfasst, sollte der Imker ihm zeigen.

Elena wurde inzwischen von einer Reihe erlesener Schmetterlinge umgeben, die immer wieder zu ihr kamen und eine Weile auf ihr sitzen blieben, um ihren Duft zu genießen. Sie hatte sich eine Art Kleid gefertigt, wie die alten Ägypter es trugen, leicht durchsichtig, mit freiem Bauch. Ihre Haare schob sie spiralförmig nach oben, die Frisur einer Pyramide ähnlich, nur dass sie rund war und nur aus Locken bestand, die sich immer enger zusammenrollten.

Als Elena anderntags alles eingepackt hatte, was sie brauchte, sogar die Schmetterlinge, und zwar in einem feinen Netz, fuhr sie mit der Straßenbahn zur Regisseurin ins Theater. Marlene ging mit Elena in einen der Umkleideräume.

Elena öffnete erst die Tasche mit dem durchsichtigen Kleid und dann das Netz mit den Schmetterlingen, die sofort im ganzen Raum umherflogen. Aber sowie Elena sich umgezogen hatte, ließen sie sich auf dem Kleid nieder. Marlene stand noch immer der Mund offen. Erst als alle Schmetterlinge ihren Platz gefunden hatten, fing sie an zu sprechen. O Gott, war ihr erster Seufzer: Bist du womöglich eine Fee oder so was? Ich fasse es einfach nicht.

Elena lächelte: Halbe, halbe, und dann: Alles Geschwätz. Sie mögen mein Parfum, lieben meine Körperwärme und sind neugierig. Auch sie haben so ihre Mätzchen. Schon als ich noch ein Kind war, sind sie mir zugeflogen, wenn ich Kräuter in meiner Schürze trug.

Diese Schönheit – zum Niederknien, und in so vielen Farben …

Elena lächelte verschmitzt: Auch sie waren einmal Raupen.

Raupen? Dann besann sich Marlene, schließlich war sie diejenige, die das Stück nach Elenas Vorschlägen schreiben würde. Ja, natürlich, aber auch die sind hübscher als die Larven der anderen Insekten.

Gleich darauf kam sie ganz in Elenas Nähe, schnüffelte an ihr herum und wollte sie umarmen, doch das ging nicht wegen der Schmetterlinge. Also sagte sie nur: Einen besseren Höhepunkt für das Stück hätte ich mir nicht vorstellen können. Du hast alle meine Erwartungen bei weitem übertroffen.

Sie hatte recht. Dieses Stück wurde zum Glücksfall für sie alle, auch für das Publikum. Elena mit ihrem durchsichtigen Kleid, auf dem sich die Schmetterlinge niederließen. Merkwürdigerweise saßen sie auf Elenas Körper so, dass niemand ihre Brustwarzen, auch nicht ihre Scham sehen konnte, als würden sie an all diesen Orten ein wenig saugen.

Als Klemens zum ersten Mal einen Probenauftritt sah, fiel ihm die Teetasse aus der Hand, so überrascht war er. Es dauerte eine Weile, bis er es verstehen und verkraften konnte.

Nach diesem Stück war Elena so etwas wie ein kleiner Star. Klemens hatte alle Hände voll zu tun, damit er auch als ein richtiger und wichtiger Schauspieler wahrgenommen würde.

Das Stück hieß nach allem hin und her dann »Die Frau, auf der die Schmetterlinge schlafen«. Eine Zeit lang gehörte es zu den beliebtesten Stücken des Stadttheaters. Vor allem für ein Publikum aus Kindern, das mit Schmetterlingen seine Freude hatte.

Aber was dann? Es war und ist mit den Stücken wie mit den Büchern. Man liest sie, findet sie großartig, vergisst sie auch nicht so schnell. Aber sie wieder zu lesen, hat man vielleicht im Sinn, doch aus Zeitmangel liest man dann doch lieber etwas Neues.

Marlene, Elena und Klemens wollten etwas Neues kreieren, etwas, das die Geschichte mit den Schmetterlingen übertrumpfen würde. Aber wie? Bald ging die Mär, dass ein Regisseur ein Stück über Käfer und deren kriegerische Strategien spielen wolle, dazu auch noch mit viel Humor. Er wolle herausfinden, welche Käfer sich am besten dafür eignen würden.

Elena, Klemens und Marlene saßen oft stundenlang zusammen, um etwas ganz anderes, was es noch nie gegeben hatte, zu finden. Aber je angestrengter sie das wollten, desto müder wurden sie. Wenn wir so weitermachen, meinte Elena, kommt nur ein erzwungener Blödsinn heraus. Warum fahren wir nicht in die Berge und lassen uns eine Woche treiben?

Klemens drehte sich um, nahm sie in die Arme, küsste sie so lange, bis ihm die Luft ausging.

Gewonnen, rief Marlene, stand auf, umarmte die beiden und seufzte tief auf, als sei sie einer Inhaftierung entronnen. Sie holte eine Flasche Prosecco mit drei Gläsern aus dem Schrank, während Elena und Klemens bereits anfingen zu singen.

Und wann fahren wir?, sagten sie synchron und antworteten ebenso: Morgen am Morgen fahren wir in die Berge.

Und was sagen wir den anderen vom Team?

Wegen Gehirnerschöpfung im Gebirge.

Um Olga nicht zu erschrecken, rief Elena sie an: Wir sind zu dritt, nur dass du es weißt.

Und wie lange?, fragte Olga.

Mindestens eine Woche.

Ich gehe morgen früh einkaufen, damit ihr nicht verhungert.

Dieses Jahr war noch wärmer als das letzte, so dass die Berge schneelos dastanden. Es war ihnen ein Leichtes, auch den Königsberg zu besteigen. Was die Schmetterlinge anging, war es der Hochalpenapollo, der sich sogleich auf Elenas linke Wange setzte. Er war nicht so groß wie der Apollo-Falter selbst, aber mit roten Flecken auf den Vorderflügeln.

Das mit den hübschen Raupen stimmt tatsächlich, meinte Marlene, die eine der Apollo-Raupen im Schatten erblickte, wie sie an einem überwinterten Fetthennen-Steinbrech nagte. Eine eher schwarze Raupe mit orangegelben Borten.

Als sie oben an der Hütte ankamen, war auch diese bereits offen, früher hätten sie bis zum Mai darauf warten müssen. In diesem Frühjahr aber war das Licht ohne Brille bereits unerträglich. Sie setzten sich draußen an einen der Tische, bestellten Bier samt Schinkentoast. Verschiedene Schmetterlinge flogen bereits umher. Wie immer saßen bald ein paar auf Elenas Schultern. Die drei waren müde, dösten mehr als sie aßen, bis Klemens zu reden begann: Merkwürdig ist das mit den Insekten: Es gibt so viele verschiedene Arten, Millionen über Millionen, die kommen und gehen, Millionen Arten, die sich ständig an das veränderte Klima anzupassen versuchen. Aber es gibt auch welche, die sich nicht so rasch anpassen können, zum Beispiel, weil sie nur auf bestimmte Pflanzen eingestellt sind. Es entstehen neue Arten, während andere aussterben. Solange Anpassung und Aussterben im Gleichgewicht bleiben, gibt es Leben. Angeblich hat es auch viele Arten von Menschen gegeben. Archäologen können es an uralten Knochen erkennen. Dennoch ist man der Meinung, dass nur Sapiens geblieben sei.

Elena lehnte sich ein wenig zurück, schaute auf die anderen Gipfel, die auf ihrer Höhe in den Himmel ragten: Nur der Homo sapiens? Noch immer gibt es Arten, die weder Neandertaler, Denisova oder Sapiens sind, obgleich sie von allen etwas mitbekommen haben, nicht viele, aber es gibt sie.

Marlene hielt ihr Bierglas in der Hand und wollte gerade einen Schluck nehmen: Woher weißt du das, Elena?

Ich weiß nicht, woher ich es weiß, aber die Antwort ist in meinem Kopf. Einer der Schmetterlinge, ein Alpenspanner, löste sich von Elenas Schulter. Sie sah ihm nach. Ein Weibchen, vielleicht war sie es, die mich das hat wissen lassen.

Wer weiß das schon?, meinte Klemens und schaute dabei dem Alpenspanner-Weibchen nach.

Angenommen, es gäbe noch Menschen dieser Arten, wie würde man sie erkennen? Und wenn ja, wüssten sie selbst, wer sie sind?

Klemens und Marlene lächelten irritiert.

Das ist nicht so wichtig, sagte Elena, wichtig ist, dass es sie überhaupt gibt.

Nach ein paar Tagen Entspannung fühlten sich alle wieder bereit, über das neue Stück zu sprechen, und kehrten ins Tal zurück. Doch wo waren die Ideen geblieben? Vielleicht im Wald. Sie überlegten, in welche dieser Wälder zu gehen sich lohnen würde.

Während sie noch frühstückten, schellte es an der Türe. Olga sprang geradezu auf und kam dann mit einem Mann zurück, den Elena von Kindheit an kannte. Er hatte als junger Lehrer in jener ländlichen Schule unterrichtet, in die sie gegangen und an der ihr Vater Schuldirektor gewesen war. Sie grüßten einander, beide nicht mehr die, die sie gewesen waren, überrascht von ihren Veränderungen.

Hallo, Dani! Elena ging auf ihn zu, sie schüttelten einander die Hand.

Entschuldige, ich wollte nicht stören, ich habe nur für Olga eingekauft.

Elena drehte sich zu Olga, doch als sie ihre Mutter rot werden sah, wurde ihr klar, was das bedeutete. Olga schien etwas dazu sagen zu wollen, da ihr aber nichts einfiel, streckte sie Elena die Hand mit dem neuen Ring hin.

Ja, sagte Daniel, wir versuchen es noch einmal, dabei lächelte er verschmitzt.

Noch einmal? Elena konnte es immer noch nicht glauben. Nie habe ich etwas von einem ersten Mal gewusst.

Olgas Stimme klang ein wenig trotzig: Du warst immer mit anderem beschäftigt, hätte ich denn ewig allein bleiben sollen?

In Elenas Kopf rumorte es, Erinnerungsbilder übermittelten ihr, wie wenig sie sich um ihre Mutter gekümmert hatte. Wie ein Blitz kam ihr in den Sinn, wie sie Klemens ins Haus gebracht hatte, ohne irgendetwas zu erklären, bis Klemens sich anderntags vorstellte, und Olga so tat, als kenne sie ihn schon seit Jahren. Aber jetzt musste sie etwas sagen, wie schwer es ihr auch fiel: Schön, dass ihr euch gefunden habt, Olga und Daniel, das muss gefeiert werden, noch heute Abend. Und zu Klemens und Marlene, die verblüfft dasaßen: Es geht um eine Verlobung, deren Feier nachzuholen ist.

Daniel lächelte und zuckte mit den Achseln: Ich gehe noch einmal einkaufen, vorher werden Olga und ich für die Feier eine Liste machen.

Diesmal waren es Klemens, Marlene und Olga, die eine Tour gingen, weniger einen Berg hoch, eher entlang eines Waldes. Auf einer Reihe von Lichtungen, in denen sie sich umsahen, hockten sie sich gelegentlich auf Baumstümpfe oder bereits gefällte Stämme und schauten den Frühlingsblumen Millimeter für Millimeter beim Wachsen zu, so schnell ging das, als hätten die Blumen Angst, dass die Zweige ebenso schnell an den Bäumen in die Höhe wachsen könnten und sie zu früh in den Schatten kämen.

Als die Wolken immer mehr nach Norden zogen und ein junger Wind mit ihnen zu spielen begann, fing Olga zu sprechen an: Wisst ihr, dass die meisten Insekten mit dem Wind zu fliegen beginnen? Ihr müsst nur hin und wieder genauer nach oben zu den Luftstraßen schauen, ihr werdet kaum glauben, was da los ist.

Marlene und Klemens hoben ihre Köpfe. Anfangs sahen sie gar nichts, aber je länger sie gen Himmel starrten, desto mehr konnten sie mit ihren Augen erfassen.

Man nennt es Luftplankton. Die meisten sind sehr klein und versuchen den Vögeln, zu deren Nahrung sie gehören, auszuweichen. Oft sind es so viele, dass sie kleine, zarte Wolken bilden, vor allem dann, wenn auch Pollen nach oben steigen.

Und warum machen sie das alles?

Olga hob ein wenig die Hände: Wahrscheinlich, weil sie sich verbreiten wollen. Verbreiten heißt ja auch, dass es immer mehr Insekten werden, zurzeit gibt es leider immer weniger.

Stimmt! Klemens schaute noch immer nach oben und sagte dann: Man braucht nur daran zu denken, wie es vor ein paar Jahren noch auf den vorderen Windschutzscheiben aussah. Sie waren voll mit zerquetschten Insekten, das ist für alle Zeiten vorbei.

Auch das, meinte Olga. Viele Insekten leben hauptsächlich in den Lüften, warum, kann man nicht so genau sagen, aber gewiss lieben sie den Wind. Sie sind nicht die einzigen, die das tun, und wenn man sie sehen will, sieht man sie auch.

Die Luftstraßen werden auch von anderen Lebewesen beflogen, von jeder Menge Mikroorganismen zum Beispiel, aber auch von kleinen Spinnen, die auf höhere Pflanzen steigen, um ja vom Wind mitgenommen zu werden. Da sie keine Flügel haben, warten sie darauf, von den Luftstößen nach oben geblasen zu werden, damit sie auf Reisen gehen können, um ihre verschiedenen Arten besser zu verbreiten.

Das trauen sie sich zu?, fragte Marlene.

Sie lieben es, obwohl die wenigsten von ihnen wieder lebend auf den Boden kommen. Die, die tatsächlich in anderen Gegenden ankommen und dort weiterleben, sind die Pioniere neuer Arten.

Es wurde ein merkwürdiger Abend, an dem Olga und Daniel ihre Verlobung feierten. Elena hatte alle Spiegel in den Keller getragen: Ich hätte das schon längst tun können, sagte sie.

Dani schüttelte den Kopf, Elena schien erleichtert. Für Olga lag ein Kleid in ihrem Schlafzimmer bereit, ein Kleid, das Elena innerhalb von zwei Stunden so veränderte, dass selbst Olga es nicht wiedererkennen würde.

Der Tag blieb warm, und Dani zeigte sich als jemand, der weiß, wie man mit Festen umgeht. Zu Mittag aßen sie kalt, beziehungsweise kosteten, was sie am Abend auf die Platten legen wollten.

Als Elena und Dani dann beim Kaffee saßen, meinte er, es könne einer der Tage sein, an denen die Großen Eisvögel irgendwo oben auf den Baumwipfeln oder auf verwitterten Burgen zusammenkämen, um dort ihre Weibchen zur Paarung zu erwarten. Viele sprechen dabei von einer »Wipfelbalz«, daran teilnehmen würden immer mindestens an die zwanzig Weibchen, wenn nicht mehr.

Leider seien diese wunderschönen Schmetterlinge etwas geschwächt von einem Spritzmittel, das zwar anderen galt, aber, wie immer bei diesen Spritzgiften, auch sie gefährdete.

Bei uns, sagte Daniel, und um uns herum gibt es keines dieser Mittel, aber man weiß ja nicht, woher die Großen Eisvögel gerade kommen. Sie sind keine wirklichen Wanderfalter wie die Admirale, aber Schmetterlinge fliegen viel.

Sind das nicht die, wo die Weibchen erkennbar größer sind als die Männchen?

Dani lachte: Kennst du sie alle schon so gut, dass du sogar das weißt?

Ich habe schon als Kind viele Bücher darüber gelesen, antwortete Elena, wie du vielleicht noch aus der Schule weißt, und sie sind mir im Gedächtnis geblieben.

Auch die vielfältigen Borten und ihre Farben?

Sobald du davon sprichst, erinnere ich mich wieder.

Als alle zurückgekommen waren und sich umgezogen hatten, war es noch hell, sehr hell. Auch schien es noch so warm, dass sie die Fenster der Veranda offenlassen konnten, als sie zu essen anfingen. Alle waren hungrig, die, die aus dem Wald, und die, die aus der Küche kamen. Olga fühlte sich wohl in dem neuen Kleid, aus dem Elena ein Abendkleid gezaubert hatte, alle bewunderten es.

Man hob die Gläser, prostete, setzte sich und hob sie dann wieder. Olga lächelte strahlend und erschien viel jünger. Daniel war Koch und Kellner zugleich, während Elena erklärte, was da alles auf den Tisch kam, und Marlene und Klemens bereits mit den Augen aßen.

Es wurde still, als sie sich endlich den Speisen widmeten. Nur hin und wieder stieß einer von ihnen einen glücklichen Seufzer aus, um sich gleich wieder in seinen Teller zu vertiefen. Und gerade deshalb sah niemand, wie sich das strahlende Wetter in immer dunklere Wolkenballen verwandelte.

Erst als ein dumpfes Grollen zu hören war, stand Elena auf, um gerade noch die Fenster zu schließen, bevor sie gegen die Veranda klirrten. Als sie das letzte Fenster in der Hand hatte, versuchte ein kleines Rudel von Großen Eisvögeln sich hereinzudrängen. Einige klammerten sich bereits an Elenas Schultern, doch kamen gleich darauf die Weibchen, die auf Elena keinen Platz mehr fanden und sich stattdessen auf die obere Leiste der leeren Stühle setzten und Elena zuschauten, wie sie mit aller Kraft auch noch das letzte Fenster schloss.

Mit einem Mal fuhr ein Blitz in den Königsberg, gleich darauf zischte einer in den nahen Teich, dass es nur so schäumte, und ein weiterer Blitz brachte sogar das Haus zum Zittern, während die nachfolgenden Donner klangen, als kämen sie aus der Tiefe einer grollenden Höhle.

Als erster vergaß Dani den Schrecken. Er kam zu Elena in die Veranda, in der doch ein paar Schmetterlinge herumflatterten, um ihr zu helfen. Alle anderen schienen noch erstarrt, bis Olga ebenfalls aufstand und meinte: Gut, dass sie hierhergekommen sind, das heißt doch, dass sie uns vertrauen. Aber im nächsten Augenblick stießen bereits wieder Riesenwolken aneinander, dass es nur so krachte. Man konnte den Blitz für Sekunden sehen, der diesmal in den Kronenberg einschoss. Und wieder taten die Donner mit tiefen Lauten ihren Ärger kund.

Nach einer Weile, in der nichts geschah, erbot sich Klemens, durch das ganze Haus zu gehen, um zu sehen, ob irgendein anderes Fenster offengeblieben sei. Marlene, deren Gesicht schneeweiß war, erklärte, sie habe noch nie so schöne Schmetterlinge gesehen, vielleicht könne man einen Löffel Honig in eine Wasserschüssel tropfen, um sie zu stärken.

Eine gute Idee, meinte Olga, und leicht zu machen.

Elena hatte noch kein Wort gesagt, es sah eher aus, als würde sie mit den Schmetterlingen in Kontakt sein, da sie von Zeit zu Zeit nickte oder die Hand hob, als wolle sie etwas verneinen.

Das Gewitter verschwand so rasch, wie es gekommen war. Langsam fingen alle wieder zu essen an. Einige Schmetterlinge hatten die Schüssel mit dem Honigwasser entdeckt, trauten sich sogar, davon etwas aufzusaugen. Plötzlich gab es einen Regenbogen, den Klemens, als er wieder zu ihnen kam, als erster wahrnahm und sofort den anderen zeigte. Die Abendsonne fing wieder zu strahlen an und brachte die Regentropfen auf Laub, Bäumen und Sträuchern zum Funkeln, was alle erleichterte.

Olga ging in die Küche und kam mit einer Torte, auf der »Olga und Daniel« stand, zurück. Dann wurde davon gegessen, wenn auch langsamer, als würden sie nur mehr kosten.

Irgendwann lösten sich die Schmetterlinge und flogen zu den Fenstern, an deren Glas sie sich stießen. Elena verstand, öffnete die Fenster, worauf die Falter wie ziehende Wölkchen davonflatterten. Nur die, die auf Elena hockten, ließen sich noch ein wenig Zeit, aber auch sie verschwanden bald. Sie schienen müde zu sein und wollten zurück zu den Wipfeln der Bäume oder zu den Mauern, die von den Burgruinen geblieben waren, um zu schlafen.

Als alle mehr, als sie wollten, gegessen hatten, gingen sie wieder zu den Getränken über, prosteten einander zu, tranken, was ihnen schmeckte, und verschwanden dann in ihren

Schlafzimmern. Merkwürdigerweise hatte niemand mehr über die Schmetterlinge, das Gewitter und den Regenbogen gesprochen.

Als die Truppe zum ersten Mal wieder vollzählig zusammenkam, um über das Theaterstück zu sprechen, lautete der vorläufige Titel »Die Schmetterlinge und wir«. Vielleicht würde ihnen noch ein interessanterer Titel einfallen, aber das hätte noch Zeit. Da Schmetterlinge die Insekten sind, die am ehesten mit ihrer Schönheit beeindrucken, würden sie versuchen, die Falter mit ihren unendlichen Wanderbewegungen darzustellen, als führten sie das Publikum durch verschiedenste Länder, ja sogar Kontinente. Wegen ihrer Auffälligkeit würden sie beinahe überall erkannt und mit ihren richtigen Namen genannt werden. Im Theater ließe sich das gut darstellen, gab es doch eine Drehscheibe auf der Bühne.

Die Schmetterlinge sind noch immer die am meisten abgebildeten Insekten. Vom Geschenkpapier zur Brosche, vom Kinderbuch zum Sommerkleid, sie kommen einfach überall vor. Ob große oder kleine Falter, man liebt sie, weil sie mit Freude gezeichnet werden und unsere Augen größer machen.

Alles Böse bleibt bei den Raupen, die wir ohnehin kaum bemerken, selbst wenn wir unabsichtlich auf sie treten, meinte Elena. Wann immer wir die Raupen sehen, werden unsere Lippen schmaler. Die Schmetterlinge stechen nicht, und spritzen seltener Gift als viele Käfer, die das besser können. Auch fressen sie nicht so viele Insekten wie die Libellen und machen nachts weniger Lärm als die Schrecken. Zwar gelüstet es sie manchmal nach den Exkrementen der anderen, doch bringen sie keine Bäume um. Unsere Freude an ihnen hat viel mit ihrem Äußeren zu tun. Ihre Schönheit macht alles freundlicher. Die Zeichnungen auf ihren Flügeln lassen uns an Kunst denken, eine Kunst, die in vielen Fällen eine Lupe braucht. Doch wer hat schon ständig eine Lupe in der Brusttasche.

Und was ist mit dem neuen Stück, fragten die, die es noch nicht gelesen hatten.

Es ist ein Stück, in dem die Insekten wieder einmal das Sagen haben.

Und wie machen wir das?

Wir übersetzen ihr Sein und ihr Wesen in eine Sprache, die wir alle verstehen, wenn wir sie verstehen wollen.

Und wie soll das gehen?

Sie mit Aug und Brille so lange anzuschauen, bis wir sie sehen. Und wenn wir sie sehen, sehen wir auch ihre Welt und merken, dass sie uns in manchem voraus sind. Tja, sie hatten auch Millionen von Jahren mehr Zeit als wir.

Wir machen Bilder, Bilder von ihnen und Bilder von uns, ob aus Papier oder Leinwand. Bilder, die uns zusammenführen, ohne uns gegenseitig zu vernichten.

Und was ist mit dem Theater?

Es wird ein Stück mit Bildern sein. Bilder, die sie zeigen, Bilder, die uns zeigen. Bilder, die uns betreffen, Bilder, auf denen sie und wir gemeinsam sein werden. Mit Ähnlichkeiten, Freundlichkeiten und Abhängigkeiten, wichtig für uns und wichtig für sie. Wenn wir dann so weit sind, werden wir uns schon gegenseitig verstehen, ob mit Zeichen oder Worten. Solange es sein darf und unsere beiden Welten ohne Krieg auskommen.

Und wann beginnen wir mit den Proben?

Jetzt sofort!!!